Sir Peter Ustinov Institut zur Erforschung und Bekämpfung von Vorurteilen (Hg.)

Kompetenz im Umgang mit Vorurteilen

Lehrbehelf und Materialien für die Sekundarstufe I

Mit Beiträgen von
Wolfgang Benz, Josef Berghold,
Siegfried Frech, Angelika Königseder,
Dietmar Larcher, Kurt Messmer,
Anton Pelinka, Elfriede Windischbauer

WOCHEN SCHAU VERLAG

Bibliografische Information der Deutschen Nationalbibliothek
Die Deutsche Nationalbibliothek verzeichnet diese Publikation in der
Deutschen Nationalbibliografie; detaillierte bibliografische Daten
sind im Internet über http://dnb.d-nb.de abrufbar.

Wissenschaftlicher Beirat

Univ.-Prof. Dr. Wolfgang Benz
Emeritierter Leiter des Zentrums für Antisemitismusforschung der Technischen Universität Berlin
Prof. Dr. Kurt Messmer
Pädagogische Hochschule Zentralschweiz Luzern
Univ.-Prof. Dr. Anton Pelinka
Institut für Konfliktforschung, Wien, und Central European University, Budapest
Siegfried Frech
Landeszentrale für politische Bildung, Baden-Württemberg

Konzept und Projektleitung

Mag. Gertraud Diendorfer, Demokratiezentrum Wien
diendorfer@demokratiezentrum.org
www.demokratiezentrum.org

Trotz intensiver Bemühungen konnten nicht alle Inhaber von Bildrechten ausfindig gemacht werden.
Für entsprechende Hinweise ist der Verlag dankbar.

Gefördert durch

Sir Peter Ustinov Stiftung Frankfurt/München
Sir Peter Ustinov Stiftung Genf

BUNDESKANZLERAMT ÖSTERREICH

Respekt.net / INVESTIEREN IN DIE ZIVILGESELLSCHAFT

© by WOCHENSCHAU Verlag,
Schwalbach/Ts. 2011
www.wochenschau-verlag.de
Titelbild: © Fotolia – Franz Pfluegl
Satz und Layout: Katrin Pfleger Grafikdesign
Lektorat: Irmgard Dober
Gedruckt auf chlorfreiem Papier
Printed in Germany
ISBN 978-3-89974752-2

Inhalt

4 Friedrich Gehart: Vorwort

6 Gertraud Diendorfer: Einleitung

THEORETISCH-DIDAKTISCHE GRUNDLAGEN

9 Wolfgang Benz: Was sind Vorurteile und Feindbilder?

15 Josef Berghold: Vorurteile auf individueller Ebene

22 Anton Pelinka: Vorurteile auf gesellschaftlicher Ebene

27 Dietmar Larcher: Du sollst dir kein Bildnis machen.
Vorurteile in der Altersgruppe der Zehn- bis Vierzehnjährigen

LEITPRINZIPIEN

35 Siegfried Frech und Elfriede Windischbauer:
Didaktische Leitprinzipien vorurteilssensiblen Unterrichtens

ANREGUNGEN FÜR DIE UNTERRICHTSPRAXIS

48 Josef Berghold und Kurt Messmer: Vorurteilsbeispiel Rassismus
Mit einem zusätzlichen Unterrichtsbeispiel von Siegfried Frech

63 Siegfried Frech und Dietmar Larcher:
Vorurteilsbeispiel Fremdenfeindlichkeit

76 Siegfried Frech: Vorurteilsbeispiel Ethnisierung

82 Angelika Königseder: Diskriminierung aufgrund von
religiöser Zugehörigkeit

94 Elfriede Windischbauer: Geschlechtersensibler Unterricht.
Eine Gratwanderung zwischen Doing und Undoing Gender
Mit einem zusätzlichen Unterrichtsbeispiel von Dietmar Larcher

107 Ausgewählte Materialien

110 Personenverzeichnis

Vorwort

Vorurteile können schon in früher Kindheit ihren Anfang nehmen und Kinder wie Jugendliche gleichermaßen zu Tätern und Opfern machen.

Das Sir Peter Ustinov Institut hat anerkannte Fachleute eingeladen, die Wirkungsweise von Vorurteilen zu beschreiben und Gegenstrategien aufzuzeigen.

2009 erschien die Broschüre „Kompetenz im Umgang mit Vorurteilen, vorurteilsbewusstes Unterrichten an Grundschulen", die sich an die Lehrkräfte in Volks- und Grundschulen wendet. Ihr folgt nun die pädagogische Arbeitshilfe „Kompetenz im Umgang mit Vorurteilen, vorurteilsbewusstes Unterrichten an der Sekundarstufe I".

Die Beiträge berücksichtigen den Wissens- und Entwicklungsstand der angesprochenen Altersgruppe der 10- bis 14-Jährigen, die gerade in diesem Alter besondere Sensibilität bezüglich Bildung und Übernahme von Vorurteilen zeigen.

Entwickelt sich doch in diesen Lebensjahren das Bewusstsein für Identität, das bei Jugendlichen häufig zur Identifikation mit ethnischen und auch anderen Gruppen und deren Freund-Feind-Denken führt. So wird, wie Professor Dietmar Larcher einmal ausführte, „[...] die Frage der ethnischen Identität, die bis dahin kaum eine Rolle gespielt hat, plötzlich relevant. Genauso relevant wird die Definition nach Geschlecht. Abgrenzung, Ausgrenzung, Konstruktion von Feindbildern werden nun sehr relevanter Bestandteil der Jugendkultur."

Beide Broschüren werden, wie wir hoffen, abgestimmt auf die jeweilige Altersgruppe vorurteilsbewusste Erziehung erleichtern und mit neuem Leben erfüllen.

Schon im Kindesalter können Betroffene Geringschätzung, Herabwürdigung und Diskriminierung erfahren. Dies ist der Boden, auf dem Selbstzweifel, Unsicherheit und letztlich auch Behinderung beim Lernen gedeihen, alles mögliche Ursachen dafür, dass die Chancen auf ein erfülltes Leben und einen befriedigenden Arbeitsplatz geschmälert werden.

Mit der Arbeit gegen Vorurteile kann nicht früh genug begonnen werden! Das ist eine für das Schicksal Einzelner wie für die Entwicklung der Gesellschaft wichtige Aufgabe. Dabei müssen Kinder und Jugendliche verstehen lernen, dass bloßes Anderssein niemals der Anlass zu Diskriminierung oder Spott sein darf. Ein Klima von Toleranz und Respekt ist Voraussetzung dafür, dass wir in einer Gesellschaft leben können, die allen Heranwachsenden dieselben guten Entwicklungsmöglichkeiten bietet.

Beide Broschüren verstehen sich als Arbeitshilfe für Lehrende sowie Vertreter und Vertreterinnen der Schuladministration. Sie sollen das Bemühen um einen Unterricht und letztlich um eine Schule unterstützen, in der Kinder weder Geringschätzung noch Herabwürdigung und Diskriminierung erleben.

Das Sir Peter Ustinov Institut dankt der Stadt Wien, den Sir Peter Ustinov Stiftungen in Frankfurt/München und Genf, der Projektbörse www.respekt.net und dem Bundeskanzleramt in Wien für die finanzielle Unterstützung. Es dankt den Mitgliedern des Beirats für die wissenschaftliche Begleitung der Arbeiten, Frau Mag. Diendorfer für die effektive Projektleitung und dem Wochenschau Verlag für sein Interesse und den ausgezeichneten Druck der Broschüre.

Vor allem aber möchte das Institut den Autoren und Autorinnen danken, die mit ihren Erkenntnissen und Beiträgen den Weg zu einer von Vorurteilen ungetrübten Zukunft unserer Kinder und Jugendlichen weisen.

Zuletzt soll die Fachtagung erwähnt werden, die das Sir Peter Ustinov Institut am 8. März 2007 zum Thema „Vorurteile in der Kindheit" veranstaltet hat. Sie hat die Bedeutung der Arbeit gegen Vorurteile in der Kindheit deutlich gemacht. Die Ergebnisse wurden 2007 als Buch im Verlag Braumüller publiziert.

Näheres über das Sir Peter Ustinov Institut finden Sie unter www.ustinov.at.

Friedrich Gehart
Vorsitzender des Vorstands des Sir Peter Ustinov Instituts
zur Erforschung und Bekämpfung von Vorurteilen

Einleitung

Zielsetzung der vorliegenden Publikation ist es, einen Beitrag für eine vorurteilsbewusste Bildungsarbeit zu leisten und Lehrerinnen und Lehrer der Sekundarstufe I dabei zu unterstützen, dem Thema Vorurteile in der Schule zu begegnen. Es soll damit ein Arbeitsbehelf zur Verfügung gestellt werden, der ihnen dabei hilft, den Entstehungsprozess wie auch das Wirken von Vorurteilen und Feindbildern besser zu verstehen und den Umgang mit Vorurteilen so in den Unterricht einzubauen, dass Schülerinnen und Schüler dieser Altersstufe Vorurteile als solche erkennen und in der Lage sind, gegen sie aufzutreten. Der konzeptuelle Bogen spannt sich daher von einer theoretischen-didaktischen Fundierung des Themas auf Basis der aktuellen fachwissenschaftlichen und fachdidaktischen Literatur über Leitprinzipien eines vorurteilssensiblen Unterrichts bis hin zu ganz konkreten Anregungen und Unterrichtsbeispielen für die Unterrichtspraxis.

Wie Vorurteile wirken

Die theoretisch-didaktischen Grundlagen widmen sich zunächst der Definition und den Wirkmechanismen von Vorurteilen. Wolfgang Benz, emeritierter Professor und langjähriger Leiter des Zentrums für Antisemitismusforschung in Berlin, unternimmt den einleitenden Versuch, Vorurteile und Feindbilder zu definieren, und zeigt anhand von historischen Beispielen auf, wie mittels Vorurteilen und Feindbildern Minderheiten ausgegrenzt werden und Ressentiments in Hass und kollektiven Gewalttaten kulminieren können. Wo liegen die Wurzeln von Vorurteilen? Der Sozialpsychologe Josef Berghold beschreibt, wie Vorurteile auf individueller Ebene wirken, und hebt die emotionale Verwurzelung und den Zusammenhang mit der individuellen Wahrnehmungs- und Gefühlswelt hervor. Verachtung bzw. Verweigerung des Respekts anderen gegenüber, Schwarz-Weiß-Denken und Angst vor Bedrohung nennt er als zentrale Elemente, die auf individueller Ebene die Wirkung von Vorurteilen verstärken.

Vorurteile tragen über die Konstruktionen von „anderen" dazu bei, ein deutlicheres Bild von „uns" zu schaffen, sie bilden aber auch Rangordnungen und Ungleichheiten, wie der Politikwissenschafter und Leiter des Instituts für Konfliktforschung in Wien Professor Anton Pelinka in seinem Beitrag ausführt, und haben dadurch auch Anteil an der Konstruktion von „Sündenböcken". Vor diesem Hintergrund ist es auch wichtig, zu verstehen, welche Typen von Vorurteilen es gibt. Vorurteile tragen dem menschlichen Bedürfnis Rechnung, „komplizierte Sachverhalte einfach zu erklären", sind aber letztendlich „Scheinwissen", das nicht auf Erfahrung beruht, wie Pelinka ausführt.

Neben den zentralen Wirkmechanismen von Vorurteilen geht es in dem Lehrbehelf vor allem auch um ihre zentrale Rolle für die angesprochene Altersgruppe der 10- bis 14-Jährigen. Gerade diese Altersstufe ist eine sensible und relevante Phase im Kontext der Vorurteilsbildung – wie der Bildungswissenschafter Dietmar Larcher in seinem Beitrag darlegt –, da sie eine Phase der Identitätsbildung darstellt, die bei Jugendlichen häufig zur Identifikation mit verschiedenen (u.a. auch ethnischen) Gruppen

Gertraud Diendorfer

und deren Freund-Feind-Denken führt. Die Inklusions- und Exklusionsmechanismen dienen der eigenen Identitätsstabilisierung. Die Bekämpfung von Vorurteilen setzt demzufolge entsprechende pädagogische Konzepte und methodisches Wissen voraus.

Gleichheit und Differenz als Herausforderungen für die Schule

Die Einwanderungsgesellschaften werden immer heterogener, pluralistischer und individualistischer, eine Entwicklung, die sich auf den Sozialisations- und Lernort Schule auswirkt. Wie geht Schule mit dieser Herausforderung um, welches pädagogische Konzept benötigen wir, das sich auf Heterogenität als Normalfall bezieht und das Recht aller Kinder auf Bildung mit ihrem Recht auf Schutz vor Diskriminierung verbindet?

Empathie-, Kompromiss- und Konfliktfähigkeit, Toleranz und Multiperspektivität sind grundlegende Kompetenzen, die im Sozialisationsraum Schule erworben werden sollen. Diese sozialen Kompetenzen bilden eine Basis für die Lernbereiche interkulturelles, politisches und geschlechtersensibles Lernen – ebenfalls gesellschaftliche und curriculare Anforderungen, die an die Schule und an Lehrerinnen und Lehrer als Reaktion auf gesellschaftspolitische Entwicklungen gestellt werden.

Die Fachdidaktikerin für Geschichte und Politische Bildung an der Pädagogischen Hochschule Salzburg Elfriede Windischbauer und der Pädagoge und Fachreferent der Landeszentrale für politische Bildung Baden-Württemberg Siegfried Frech beschreiben vier didaktische Leitprinzipien, die für einen vorurteilssensiblen Unterricht nutzbar gemacht werden können: Werteerziehung, Demokratiebildung, Umgehen mit Heterogenität und Diversität sowie soziales Lernen. Sie bilden damit eine Überleitung für den dritten Teil des Lehrbehelfs, der auf ausgewählte Vorurteilsbeispiele mit konkreten Anregungen und Vorschlägen für die Unterrichtspraxis eingeht.

Praxisbeispiele zu ausgewählten Vorurteilsthemen

Es gibt natürlich viele verschiedene Vorurteilstypen, doch aus Platzgründen musste eine Auswahl getroffen werden. Das Projektteam hat sich daher in den vorbereitenden Workshops auf die fünf Vorurteilsthemen „Rassismus", „Fremdenfeindlichkeit", „Ethnisierung", „Diskriminierung aufgrund religiöser Zugehörigkeit" und Vorurteile, die sich auf das Geschlecht beziehen, beschränkt.

Jedes Vorurteilsthema wurde nach einem gemeinsamen Raster erarbeitet. Zunächst wird in einer Lehrerinformation auf das Vorurteil selbst eingegangen – wie es wirkt, welche Dynamiken es entwickeln kann –, anschließend werden dazu passend sinnvolle Methoden, Herangehensweisen oder didaktische Überlegungen vorgestellt. Schließlich werden ganz konkrete Unterrichtsbeispiele präsentiert sowie Projekte (z.B.

„Schule ohne Rassismus" etc.) aus der Politischen Bildung, der Toleranz- und Menschenrechtserziehung, Projekte, die auf einen inklusiveren, auf Respekt basierenden Unterricht abzielen, und auch Simulationsspiele. Die Unterrichtsvorschläge beinhalten kopierfähige Arbeitsblätter, Materialien, Karikaturen und Arbeitsaufgaben, die sich direkt an Schülerinnen und Schüler richten.

Der Praxisteil wurde von den aus Österreich, Deutschland und der Schweiz stammenden Pädagogen, Didaktikerinnen und Fachexperten Siegfried Frech, Angelika Königseder, Kurt Messmer, Dietmar Larcher und Elfriede Windischbauer, basierend auf ihrer schulischen Praxis und langjährigen Beschäftigung mit dem Thema, erarbeitet.

Der Lehrbehelf ist als Angebot zu verstehen und erhebt keinesfalls den Anspruch, das Thema umfassend abdecken zu können. Wir hoffen, damit all jene Lehrkräfte unterstützen zu können, denen der Abbau von Vorurteilen ebenfalls ein Anliegen ist.

Gertraud Diendorfer   August 2011
Demokratiezentrum Wien

THEORETISCH-DIDAKTISCHE GRUNDLAGEN

Wolfgang Benz

Was sind Vorurteile und Feindbilder?

Versteht man Vorurteile als Zuschreibung von Eigenschaften, die unsere Wahrnehmung und unser Verständnis von Individuen, Personengruppen, Ethnien, Nationen bestimmen – als „geschäftstüchtige Juden", „diebische Zigeuner", „eroberungssüchtige Muslime", „unzuverlässige Levantiner", „kriminelle Albaner" usw. –, so muss man nach den Bausteinen suchen, um Funktion und Wirkung der Ressentiments zu verstehen. Es sind Stereotype, die geläufige Vorstellungen von Personen, Kollektiven oder auch Sachverhalten und Dingen fixieren.

Stereotype, zu Formeln erstarrte Beschreibungen, besser: Zuschreibungen, erlauben rasche und nicht reflektierte Einordnung und Erklärung, sie sind in der Regel langzeitig tradiert. Das Stereotyp entzieht sich analytischem Zugriff, denn es tritt an seine Stelle, wird nicht hinterfragt und braucht keine Begründung. Der Angehörige einer bestimmten Gruppe ist deshalb durch stereotype Klischees ein für alle Mal als listig oder verschlagen, als faul oder berechnend charakterisiert. Natürlich gibt es auch positive stereotype Bilder wie z.B. die „schöne Jüdin" oder den „edlen Magyaren". Funktion und Wirkung von Vorurteilen sind unabhängig von der positiven oder negativen Belegung. Die pejorativen, d.h. herabsetzenden, Stereotype überwiegen in der gesellschaftlichen Realität, dementsprechend sind Vorurteile in der Regel an unangenehmen Eigenschaften verankert und entfalten vor allem negative Wirkung.

Stereotype und Klischees

Definition von Vorurteilen

→ Stereotype, zu Formeln erstarrte Zuschreibungen, die eine rasche und unreflektierte Einordnung und Erklärung von anderen erlauben.
→ In der Regel langzeitig tradiert.
→ Sie entziehen sich der Analyse, werden nicht hinterfragt und brauchen keine Begründung.

Warum gibt es Vorurteile?

Vorurteile spielen im privaten Alltag wie im öffentlichen Leben die Rolle von Katalysatoren für individuelle und kollektive Ängste, Frustrationen und Aggressionen. Vorurteile verdichten sich zu Feindbildern, die als Bestandteile politischer Ideologien instrumentalisiert werden. Das negative Fremdbild steht am Anfang der agierten Feindseligkeit, die als individuelles fremdenfeindliches Delikt, als gemeinsamer Angriff gegen stigmatisierte Minderheiten, als kollektive Raserei gegen Fremde bis hin zum organisierten und geplanten Völkermord zum Ausdruck kommt.

Verdichtung zu Feindbildern

Diese Funktionen und Wirkungen können an historischen und aktuellen Beispielen verdeutlicht werden. Fremdenfeindliche Konstrukte aus tradierten Vorurteilen und instrumentalisierten Feindbildern gehörten beim deutschen Überfall auf die Sowjetunion 1941 zur Ausrüstung ebenso wie im Kalten Krieg nach 1945 zum Waffenarsenal, sie bildeten auch einen wesentlichen Teil der Motivation bei der Vertreibung der Deut-

Funktionen und Wirkungen

Was sind Vorurteile und Feindbilder?

Aufgaben der Vorurteilsforschung

schen aus den Ostgebieten und benachbarten Siedlungsräumen am Ende des Zweiten Weltkrieges. Alte und neue antisemitische Stereotype, die die Ausgrenzung und Vernichtung von Menschen vorbereiteten und ermöglichten – die semantische Grundlegung des Völkermords an den europäischen Juden erfolgte durch Begriffsbildungen wie „Judenfrage" und „Endlösung" –, gehören ebenso zum Aufgabenfeld der Vorurteilsforschung wie literarische Traditionen und Denkstrukturen der Verweigerung gegenüber Angehörigen fremder Kulturen wie z.B. Muslimen, Afrikanern, Roma, Asylbewerbern usw.

Von Ressentiments über Hass zur Gewalt

Ressentiments sind gefährlich, weil sie als Vorurteil beginnen mit der Tendenz, in Hass gegen stigmatisierte Individuen, gegen Gruppen, ethnische, religiöse oder nationale Gemeinschaften zu kulminieren, in Hass, der sich durch Gewalt entlädt. Ressentiments schaffen der Mehrheit, die sie lebt und agiert, das Gefühl der Zusammengehörigkeit und Überlegenheit auf Kosten von Minderheiten, die definiert, diskriminiert, ausgegrenzt werden. Die Ausgrenzung stiftet Gemeinschaftsgefühl und bietet außerdem schlichte Welterklärung in einem System von Gut und Böse, in dem beliebige Minderheiten – z.B. Juden, Migranten, Muslime, „Zigeuner", Ausländer schlechthin – für Missstände, Bedrohungen (und Bedrohungsängste), Mangel, Fehlentwicklungen verantwortlich gemacht werden.

Ausgrenzung durch Vorurteile und Feindbilder

Vorurteile gestern

Die Ausgrenzung von Minderheiten erfolgt durch Vorurteile und über Feindbilder. Im 19. Jahrhundert entstand der „moderne Antisemitismus" als Ideologie in Traktaten und Schriften, in denen stereotyp argumentiert wurde, dass Juden Fremde seien, deren Ansprüche auf Herrschaft und Dominanz abzuwehren seien. Wilhelm Marr, einer der Begründer des Rassenantisemitismus argumentierte in einer Publikation aus dem Jahr 1880 („Goldene Ratten und rothe Mäuse"): „Ein Volk von geborenen Kaufleuten unter uns, die Juden, hat eine Aristokratie, die des Geldes, geschaffen, welche alles zermalmt von oben her, aber zugleich auch eine kaufmännische Pöbelherrschaft, welche durch Schacher und Wucher von unten herauf die Gesellschaft zerfrißt und zersetzt. Zwischen der semitischen Oligarchie und der dito Ochlokratie [Pöbelherrschaft] wird die Gesellschaft zerrieben wie Korn zwischen zwei Mühlsteinen."

Vorurteile heute

In unseren Tagen behauptet ein Feind des Islam, der von Interessenten als Experte gehandelt wird, der Publizist Hans-Peter Raddatz, in einem Interview für die Schweizer Zeitung „Die Weltwoche": „Ein Christ missbraucht seine Religion, wenn er Gewalt anwendet, und ein Muslim missbraucht seine Religion ebenso, wenn er Gewalt nicht anwendet." Er unterstellt damit, Muslime seien durch Gebote ihrer Religion zu Bösem verpflichtet. Genau so trieben einst die Propagandisten des Antisemitismus Talmudhetze.

Angst vor Eroberung und Dominanz

... durch „die Juden"

Eine Neuauflage des alten Vorurteils gegen eine andere Gruppe ist die Warnung vor Eroberung und Dominanz. Gegen die Juden hatte es einst geheißen: „Die Juden bilden unter dem Deckmantel der ,Religion' in Wahrheit eine politische, sociale und geschäftliche Genossenschaft, die, im heimlichen Einverständnis unter sich, auf die Ausbeutung und Unterjochung der nichtjüdischen Völker hinarbeitet." Das stand im weitverbreiteten „Antisemiten-Katechismus" (1887) des Theodor Fritsch (1852–1933), der auch das folgende Klischee bediente: „Durch seine besonderen Sitten-Gesetze (Talmud und Schulchan Aruch) betrachtet sich der Jude als außerhalb aller übrigen Gesetzes-Vorschriften stehend und hält sich berechtigt, alle Landesgesetze zu übertreten – aber immer auf eine solche Art, daß ihm dieser Mißbrauch nicht nachgewiesen werden kann." Der Antisemit Fritsch war einer der Ahnherren des Nationalsozialismus. Gegen Muslime klingt es heute ähnlich, wenn Raddatz mit dem Anspruch des Sachverständigen behauptet, „der Islam" folge einer „eingewachsenen Tendenz zu einer ganz natürlichen und historisch vielfach bestätigten Dominanz", die sich in einer „fortschreitenden Landnahme durch mehrheitlich türkische Muslime" zeige, deren Bastionen in Deutschland in „hochmotivierten, untereinander vernetzten Ghetto-Komplexen mit einer entsprechend flexiblen Schlagkraft" sichtbar seien. Oder wenn in einem Internetforum gepöbelt wird: „Ich bin weder rechts noch links, habe auch nichts gegen Ausländer. Ich habe aber etwas dagegen, wenn bildungsferne muslimische Einwanderer unsere Kultur zerstören und uns mit ihrem irrwitzigen Aberglauben

... durch „die Muslime"

Karikatur „Train-marshals mit robustem Mandat"

Das Aussehen des jungen Mannes genügt, Vermutungen über Herkunft und Religionszugehörigkeit anzustellen und ihn als islamistischen Terroristen zu verdächtigen.
Quelle: Heiko Sakurai. http://www.sakurai-cartoons.de/cart_ord.php5?gross=1566

Wahlplakat der Schweizer Partei SVP

Seit 2007 sammelten Politiker der Schweizerischen Volkspartei (SVP) und der Eidgenössischen-Demokratischen Union (EDU) Unterschriften für die Volksinitiative „Gegen den Bau von Minaretten". Die Abstimmung vom 29. November 2009 ergab landesweit eine Mehrzahl von 57,5 %, die gegen Minarette war. Von insgesamt 26 Kantonen der Schweiz sprachen sich 19 und ein Halbkarton für das Minarett-Verbot aus. Die Stimmbeteiligung erreichte 53,4 %. Als Kampfmittel setzte die politische Rechte vor allem dieses Plakate ein.

Quelle: picture alliance/dpa/KEYSTONE

Was sind Vorurteile und Feindbilder?

das Leben vermiesen wollen. Ich habe etwas dagegen, dass immer mehr integrationsunwillige Muslime bestimmen wollen, wo es lang zu gehen hat."

Vorurteile stärken Selbstbewusstsein

Die als negativ empfundene Eigenart der „Anderen", kulturell, ethnisch, religiös oder wie auch immer definiert, dient der Hebung des eigenen Selbstbewusstseins und fixiert es durch die „Gewissheit", dass die Anderen nicht integrationsfähig oder assimilationsbereit oder von ihrer Konstitution her kriminell, asozial und aggressiv seien bis hin zu Verschwörungsphantasien, nach denen eine Minderheit nach Dominanz über die Mehrheit strebe. In der Geschichte der Judenfeindschaft ist die stereotype Vermutung seit Jahrhunderten verbreitet und wird immer wieder reproduziert, nach der „die Juden" zu viel Einfluss in der Finanzwelt oder in der Kultur oder in den Medien oder sonstwo, wahrscheinlich sogar in allen Bereichen von Staat und Gesellschaft, hätten und dass sie diesen Einfluss zum Schaden der Mehrheit, aber zum eigenen Nutzen, unablässig ausübten. Diese in der Mehrheit je nach Bildungsgrad, politischer Position, Herkunft und Sozialisation oder von anderen Faktoren bestimmte Vermutung bestätigt sich immer wieder in den Ergebnissen von Meinungsumfragen und gehört zum Grundbestand antisemitischer Einstellungen.

Beispiel: „Mächtige Juden"

Karikatur Antisemitismus

Die aus Jordanien stammende Karikatur stellt „den Juden" als Puppenspieler dar, der die Weltmacht USA – symbolisiert durch eine Puppe – bewegt. Diese spielt mit einer weiteren Puppe, die die Vereinten Nationen darstellt. Damit wird die Vorstellung der jüdischen Weltverschwörung bedient.
(Al-Rai, Jordanien 2001)
Aus: Benz 2008, 63

Sinti und Roma – das Vorurteil vom kindhaften Naturvolk

Vorurteile bestimmen Lebenswelt der Betroffenen

Sinti und Roma sind Objekte anderer Vorurteile, nach denen sie z.B. den Eigentumsbegriff der Mehrheit nicht teilen würden, sexuell zügellos seien, aus angeborenem Freiheitsdurst nicht sesshaft zu machen seien, als Konfliktlösung nur Gewalt akzeptierten, nicht an die Lebensformen der Mehrheitsgesellschaft zu gewöhnen seien. Die ausgrenzenden Vorurteile konstellieren die Lebenswelt der davon Betroffenen. So wird „Zigeunern" nachgesagt, sie lehnten bürgerliche Wohnformen ab, weil sie lieber nomadisieren würden, tatsächlich steht am Anfang aber die Verweigerung der Wohnung, die Sinti und Roma zur Nichtsesshaftigkeit zwingt. Das gilt dann wiederum als konstitutives Merkmal der Gruppe und wird ihr als wesenseigen vorgehalten. (Dass die Sinti und Roma in Deutschland und Österreich in Wohnungen leben und nicht von der Mehrheit unterscheidbar sind, hat in der Regel den Grund, dass sie sich ihrer Umgebung nicht zu erkennen geben.)

Beispiel: Roma als kindhaftes Volk

In der Literatur werden die Roma als kindhaftes Volk gezeichnet, das die Errungenschaften moderner Zivilisation nicht begreife und deshalb hartnäckig ablehne. Die „Zigeuner", so die öffentliche Meinung der Mehrheit, verweigern sich der Gesellschaft, in der sie leben, und machen sich dadurch einerseits schuldig, andererseits sind sie dadurch auf exotische Weise attraktiv. Die Skala reicht von der lockenden und lasziven jungen bis zur hexenartigen wahrsagenden alten Zigeunerin. Die Bilder vom kindlich unbeschwerten

Wolfgang Benz

Naturvolk, von den dem Augenblick hingegebenen Naiven, die in einer Gegenwelt zum Fortschritt und zur Zivilisation glücklich leben, finden wir als Klischee formuliert in der Literatur etwa bei Hermann Hesse (siehe Kasten „Narziß und Goldmund")

> **„Narziß und Goldmund": Romantische Klischees**
>
> „Keinem Menschen gehorsam, abhängig nur von Wetter und Jahreszeit, kein Ziel vor sich, kein Dach über sich, nichts besitzend und allen Zufällen offen, führen die Heimatlosen ihr kindliches und tapferes, ihr ärmliches und starkes Leben. Sie sind die Söhne Adams, des aus dem Paradies Vertriebenen, und sind die Brüder der Tiere, der unschuldigen. Aus der Hand des Himmels nehmen sie Stunde um Stunde, was ihnen gegeben wird: Sonne, Regen, Nebel, Schnee, Wärme und Kälte, Wohlsein und Not, es gibt für sie keine Zeit, keine Geschichte, kein Streben und nicht jenen seltsamen Götzen der Entwicklung und des Fortschritts, an den die Hausbesitzer so verzweifelt glauben. Ein Vagabund kann zart oder roh sein, kunstfertig oder tölpisch, tapfer oder ängstlich, immer aber ist er im Herzen ein Kind, immer lebt er am ersten Tage, vor Anfang aller Weltgeschichte, immer wird sein Leben von wenigen einfachen Trieben und Nöten geleitet."
>
> Hermann Hesse: Narziß und Goldmund, zit. nach Keil 1964, 16f

Solche Metaphern sind willkommene Instrumente der Ausgrenzung: Das Vorurteil vom kindhaften Naturvolk rechtfertigt den Ausschluss aus der Gesellschaft der Mehrheit, rechtfertigt scheinbar Bevormundung, Abneigung und Verfolgung, weil die konstruierten Bilder von der Minderheit sich selbst bestätigende Kraft und Wirkung haben. Vorstellungen über die Welt der „Zigeuner" sind längst in die Konsumwelt eingedrungen und bestimmen mit Attributen wie rassig, feurig, pikant das Bild der Minderheit.

Instrumente der Ausgrenzung

Zigeunerprodukt: Ein echter Tiroler

Produktwerbung mit dem Klischee des „Zigeuners", der für ursprüngliche Natur steht.
Quelle: Privates Photo

Politische Bildung: Aufklärung als Mittel gegen Vorurteile und Feindbilder

Die Stereotype in der Wahrnehmung von Minderheiten dienen der Selbstvergewisserung der Mehrheit und der Fortdauer des prekären sozialen Status der jeweiligen Minorität. Erklärbar ist die Existenz von Vorurteilen und ihre Attraktivität sozialpsychologisch, das darin gestaute Konfliktpotenzial ist erheblich und bedeutet für das Zusammenleben der Menschen in einer komplexen Gesellschaft eine latente Bedrohung. Historische und aktuelle Beispiele der Entladung von Konflikten durch gewaltsamen Protest, durch Bürgerkrieg, Pogrom, Massaker bis hin zum Völkermord wären in großer Zahl anzuführen, um zu beweisen, welchen sozialen Sprengstoff Vorurteile darstellen. Daher muss Aufklärung Vorurteile entkräften und Feindbilder zerstören (siehe dazu die Darstellung didaktischer Leitprinzipien S. 35–47 in diesem Band). Das kann nur durch Argumente geschehen, die nachvollziehbar sind, die den Nebel der Mythen, in denen Ressentiments gedeihen, auflösen und der Vernunft den Weg frei machen. Verbote helfen so wenig wie Tabuisierung oder moralische Appelle.

Selbstvergewisserung der Mehrheit

Argumente der Vernunft müssen Vorurteile entkräften

Was muss und was kann politische Bildung gegen Vorurteile und Feindbilder leisten? Abscheu vor Judenfeindschaft, Islamophobie oder Antiziganismus und der gute Wille, die Ressentiments zu bekämpfen und aufzulösen, sind nicht genügend taugliche Instrumente zur Behandlung des Übels. Notwendig ist vor allem die Vermittlung der

Was sind Vorurteile und Feindbilder?

Feindbilder werden konstruiert

Einsicht, dass es sich beim Antisemitismus wie bei anderen Vorurteilen nicht um den Reflex der Mehrheit auf Charaktereigenschaften, Bestrebungen, Handlungen der jeweiligen Minderheit handelt, sondern um die Konstruktion eines Feindbildes, das mit der Realität wenig oder nichts zu tun hat. Die Mehrheit hat bestimmte Interessen, Ängste und Wünsche, die auf „die Juden" oder „die Muslime" projiziert werden und ihren Sinn darin haben, das Gemeinschaftsgefühl der Mehrheit zu stärken durch Ausgrenzung der Minderheit. Die Angehörigen der Minderheit müssen dazu mit schlechten Eigenschaften ausgestattet werden. Als Beweis, dass das Kollektiv insgesamt bestimmte negative Eigenschaften hat, genügt Demagogen und denen, die ihnen glauben, der Hinweis auf einen Vertreter, der als typisch in Anspruch genommen wird. Dass alle Iren rote Haare haben ist ein Beispiel für die Wahrnehmung einer Gruppe, dass „die Bayern" stets Lederhosen tragen, Watschentänze und ähnliches Brauchtum üben und am liebsten raufen, wenn sie Bier getrunken haben, ein anderes. Ein drittes Bild, weit verbreitet und tief eingelassen in das Bewusstsein der Angehörigen der Mehrheit, ist die Kriminalität „der Zigeuner", die angeblich nicht assimilierbar sind und, wie neuerdings die Muslime, angeblich gefährliche Fremdkörper in unserer Gesellschaft bilden.

Gegenmittel Aufklärung

Gegen solche Konstrukte, die auch als harmlose Bilder auftreten können, wie der romantische Traum vom freien Leben der Roma mit ihren stolzen Männern und lockenden Frauen, ist Aufklärung notwendig, denn Konstrukte sind gefährlich. „Die Franzosen" oder „die Rumänen" waren jahrhundertelang mit schlechten Eigenschaften charakterisiert, die sie zum kollektiven Erbfeind westlich des Rheins bzw. östlich der Habsburgermonarchie machten. Nach zwei Weltkriegen konnten viele Feindbilder überwunden werden, erhebliche Anstrengungen waren dazu notwendig und ihr Erfolg war in hohem Maß Ergebnis politischer Bildung.

Präzise Informationen, rationale Argumente

In der Praxis bedeutet die zur Überwindung von Vorurteilen und Auflösung von Feindbildern notwendige Anstrengung zähe Kleinarbeit, die mit präzisen Informationen und rationalen Argumenten Aufklärung leistet gegen Trugbilder, Mythen, Illusionen, die – politisch instrumentalisiert – Schaden stiften. Der Wunsch von Zeitgenossen, die den Nationalsozialismus miterlebt haben und ein Stück privater Lebenswelt mit positiven Vorurteilen retten wollen – wie z.B.: es sei ja nicht alles schlecht gewesen im Dritten Reich, Hitler habe ja schließlich auch die Autobahnen gebaut, die Motorisierung forciert, die Arbeitslosigkeit beseitigt oder die Rolle der Frau im NS-Staat sei doch erfreulich gewesen –, dieser Wunsch ist subjektiv nachvollziehbar, ändert aber nichts an der historischen Realität des Unrechtsregimes.

Zusammenhänge offenlegen

Wichtig ist es, die Zusammenhänge offenzulegen und Illusionen zu zerstören, denn die Autobahnen waren volkswirtschaftlich sinnlos, die Arbeitslosigkeit wurde vor allem durch Rüstung beseitigt, die Krieg und Staatsbankrott bedeutete, und Frauen waren ohne Einfluss, worüber sie durch einen raffiniert inszenierten Mutterkult getäuscht werden sollten. Dies aufzuklären hat einen einzigen Zweck: die Verklärung des „Dritten Reiches", das auf Vorurteilen und Feindbildern gegründet war, zu verhindern.

LITERATUR

Benz, Wolfgang: Feindbild und Vorurteil. Beiträge über Ausgrenzung und Verfolgung. München 1996

Benz, Wolfgang: Der Hass gegen die Juden. Berlin 2008

Benz, Wolfgang: Antisemitismus und „Islamkritik". Bilanz und Perspektive. Berlin 2011

End, Markus (Hg.): Antiziganistische Zustände. Zur Kritik eines allgegenwärtigen Ressentiments. Münster 2009

Keil, Adalbert (Hg.): Zigeuner-Geschichten. München 1964

Schneiders, Thorsten Gerald (Hg.): Islamfeindlichkeit. Wenn die Grenzen der Kritik verschwimmen. Wiesbaden 2009

Widmann, Peter: Der Feind kommt aus dem Morgenland. Rechtspopulistische „Islamkritiker" um den Publizisten Hans-Peter Raddatz suchen die Opfergemeinschaft mit Juden, in: Jahrbuch für Antisemitismusforschung 17 (2008), 45–68

THEORETISCH-DIDAKTISCHE GRUNDLAGEN

Josef Berghold

Vorurteile auf individueller Ebene

Auch wenn wir unsere Vorurteile offensichtlich nicht bloß „auf persönliche Rechnung" entwickeln und pflegen (und hoffentlich auch überdenken und abbauen) – sondern dabei auch stark in unser soziales Umfeld, in gesellschaftliche Strukturen und politische Entwicklungen eingebunden sind –, so hängt es doch auch wesentlich von unserer individuellen Wahrnehmungs- und Gefühlswelt ab, wie weit wir uns von solchen sozialen Einflüssen bestimmen lassen. Die gesellschaftlichen Machtverhältnisse, die auf der Wirkung verbreiteter Vorurteile aufbauen, bedürfen zu ihrer Absicherung auch bestimmter Vorbedingungen im Innenleben der Einzelnen, die sie für die fatale Anziehungskraft entsprechender Weltbilder und Lebenshaltungen empfänglich machen.

Individuelle Wahrnehmung und Gefühle

Individuelle Ebene – emotionale Wurzeln von Vorurteilen

Wie sehr diese Empfänglichkeit auf inneren Zwängen beruht – man könnte fast sagen: auf einer Art psychologischen Süchtigkeit –, können wir allein schon aus einer uns allen leicht zugänglichen Alltagsbeobachtung folgern (vorausgesetzt, es handelt sich nicht gerade um Vorurteile, die wir zufällig auch selbst teilen): Versucht man, mit Personen, die ein bestimmtes Vorurteil hegen, eine auch nur halbwegs nüchterne Diskussion über das sachliche Für und Wider seines Inhalts zu führen, wird man meist sehr schnell auf eine Gummiwand stoßen, an der widersprechende oder relativierende Informationen oder Argumente glatt abprallen – ob nun in der Form, dass ihnen direkt jede Glaubwürdigkeit abgestritten wird, oder auch in der Form, dass ihr Sinn so grob umgedeutet wird, dass sie die eigene vorurteilshafte Haltung doch wieder zu bestätigen scheinen. Ein für diese zweite Variante besonders anschauliches Beispiel lieferte der Altmeister der Vorurteilsforschung Gordon Allport mit einem Gesprächsausschnitt, den man zuweilen auch in heute noch gängigen psychologischen Lehrbüchern finden kann (siehe Kasten über ein „Beispiel einer (un-)möglichen Diskussion"):

Innere Zwänge als Grundlage für Vorurteile

Bestätigung statt Hinterfragen

> **Beispiel einer (un-)möglichen Diskussion**
>
> Mr. X: Das Ärgerliche an den Juden ist, dass sie sich nur um ihre eigenen Leute kümmern.
>
> Mr. Y: Aber die Spendenlisten der letzten Wohltätigkeitsveranstaltungen zeigen, dass sie im Verhältnis zu ihrer Anzahl sehr viel großzügiger für die Stadt gespendet haben als die Nichtjuden.
>
> Mr. X: Das zeigt aber nur, dass sie immer wieder versuchen, sich in christliche Angelegenheiten einzuschmeicheln. Sie denken immer nur an Geld, deshalb sind auch so viele Juden Bankleute.
>
> Mr. Y: Aber eine neuere Untersuchung hat ergeben, dass der Prozentsatz der Juden am Bankgeschäft zu vernachlässigen ist, auf jeden Fall viel kleiner als der Prozentsatz der Nichtjuden.
>
> Mr. X: Da haben Sie es; sie vermeiden das solide Geschäft, sie bevorzugen das Filmgeschäft und unterhalten die Nachtclubs.
>
> Zit. nach Aronson/Wilson/Akert 2008, 433

Vorurteile auf individueller Ebene

Ignorieren der objektiven Realität

Die Psychologen Elliot Aronson, Timothy Wilson und Robin Akert fassen die unausgesprochene und doch nicht zu verkennende Haltung dieses sehr charakteristischen Mr. X recht schlüssig mit dem Motto zusammen: „Erspar mir die Fakten; ich habe mir meine Meinung gebildet." Die Erfahrung mit Reaktionen dieser Art hat gewiss auch schon die Schriftstellerin Marie von Ebner-Eschenbach zu ihrem bekannten Aphorismus veranlasst: „Ein Urteil lässt sich widerlegen, aber niemals ein Vorurteil" (Ebner-Eschenbach 1961), oder Albert Einstein zu seinem entnervten Ausspruch: „It is harder to crack a prejudice than an atom." Auch Allport formulierte in ähnlicher Weise, dass das Vorurteil „sich aktiv allen Beweisen widersetzt, die es entkräften würden. Wir neigen dazu, uns aufzuregen, wenn ein Vorurteil von Widerspruch bedroht wird." (Allport 1979, 9) Ähnlich erblickte der Philosoph Norberto Bobbio das Entscheidende am Vorurteil im Umstand, dass „wir ihm mit derartigem Nachdruck zustimmen, dass es jeglicher rationalen Widerlegung trotzt" und sich eben dadurch von allen sonstigen Arten irriger Meinungen – „die mit den Mitteln der Vernunft und der Erfahrung korrigiert werden können" – scharf abgrenzt. (Bobbio 1994, 123)

Keine kognitiven Defizite

Anhand solcher Beobachtungen wird deutlich, dass der seit über zwei Jahrhunderten (in seiner uns heute noch geläufigen Bedeutung) eingebürgerte Begriff des „Vorurteils" leicht zu einem gravierenden Missverständnis verleiten kann: dass es sich bei den entsprechenden Sichtweisen und Einstellungen in erster Linie um die Folge gedanklicher Mängel (kognitiver Defizite) handle – um mangelndes Wissen, geistige Bequemlichkeit und Voreiligkeit in der Urteilsbildung oder auch gezielte Fehlinformation durch einflussreiche Medien oder geschickte Demagogen und Demagoginnen. Die offensichtlich weitaus gewichtigere, nicht selten besonders bestürzende Dimension einer tief verwurzelten und emotionsgeladenen Hartnäckigkeit, die sich von „des Gedankens Blässe" (selbst leicht begreifbarer) sachlicher Erörterungen kaum je beirren lässt, bleibt dabei weitgehend ausgeklammert. „Der Euphemismus, der Gebrauch des harmlosen Wortes verdankt sich der Scheu, das Furchtbare zu nennen", befand in diesem Sinne etwa der Philosoph Max Horkheimer, wenn „unter dem Titel des Vorurteils" unverkennbar „nicht bloß Antipathie und soziale Benachteiligung, sondern der auf schwächere Gruppen gerichtete Hass, die organisierte Verfolgung, entfesselte Mordlust" thematisiert wird. (Horkheimer 1961)

Empfehlung für einen tieferen Einblick in die psychologischen Wurzeln von Vorurteilen

Der Fremde in uns

Anhand eines breiten Spektrums von Persönlichkeitsstudien, therapeutischen Fallgeschichten, historischen Beispielen (u.a. Hitler, Göring, Heß, Frank) und präzisen Beobachtungen des gesellschaftlichen Lebens liefert der Psychoanalytiker Arno Gruen überzeugende und hautnahe Zugänge zum Verständnis der kulturellen und lebensgeschichtlichen Ursprünge von Vorurteilen. Seine scharfsinnigen Einblicke in die subjektive Innenwelt von Ressentiments und Gruppenhass können zuweilen Bestürzung auslösen, ebenso aber auch die Aussicht auf befreiende Möglichkeiten vermitteln, die mit einem geschärften Blick auf das Wirken tiefer Ängste und Zwänge einhergeht.

Ein entscheidender Zusammenhang, den Gruen in seinem Buch „Der Fremde in uns" erläutert, besteht darin, dass der Hass auf das Fremde, der Vorurteile antreibt, letzten Endes ein Hass auf das Eigene ist – auf echte und starke Gefühlsregungen, die in der Kindheit unter dem Druck massiver elterlicher Verurteilung innerlich abgestoßen werden mussten und wodurch die Entwicklung einer stimmig empfundenen persönlichen Identität blockiert wurde. Die dadurch verursachte innere Leere macht süchtig nach der Pose von Übermacht, Härte, „Erfolgsmenschentum" und Verachtung von Schwäche, um dem Schmerz über das verlorene Selbstgefühl auszuweichen. Um sich aus dieser tragischen Verstrickung zu befreien, ist es notwendig, diesen Schmerz zuzulassen und das innerlich Verlorene zu betrauern, wodurch auch die Fähigkeit zur Einfühlung in andere wächst – besonders auch in jene, die zuvor im Visier der eigenen Vorurteile gestanden waren.

Quelle: Gruen 2000.

Wenn sich Vorurteile auf der individuellen Ebene also vor allem aus stark verankerten (und aus der herkömmlichen Wahrnehmung oft ausgeblendeten) inneren Zwängen nähren, so ist es zu ihrem besseren Verständnis vor allem notwendig, die besondere psychologische „Bedürftigkeit" ins Auge zu fassen, die sie hervorbringt. Bedürfnisse, die mehr oder weniger ausgeprägte Züge von Zwanghaftigkeit oder gar „Besessenheit" aufweisen, müssen logischerweise auch von tiefen Ängsten und Unsicherheiten angetrieben sein, deren Wurzeln überwiegend im Unbewussten liegen – was bedeutet, dass wir in dem Grad, in dem wir von ihnen bestimmt werden, unfähig sind, uns über ihre maßgeblichen Beweggründe und Inhalte klare Rechenschaft abzulegen, ja uns teilweise nicht einmal das Vorhandensein dieser Ängste bewusst eingestehen können.

Wurzeln im Unbewussten

Ein derartiges Ausweichen vor den Realitäten unserer inneren Gefühlswelt ist es, was mit psychoanalytischen Begriffen wie Verdrängung, Widerstand oder Abwehrmechanismen gemeint ist. Während wir nun freilich alle ein gewisses Maß an solchen Ausweichreflexen benötigen dürften, um unser psychisches Gleichgewicht im Alltag aufrechtzuerhalten, wird die Schwelle zu vorurteilshaften Einstellungen (die man sicherlich nur relativ unscharf markieren kann) dort überschritten, wo sich Abwehrmechanismen so weit verhärten, dass sie sich dauerhaft gegen jedes selbstkritische Innehalten, gegen jeden „Blick nach innen" versperren, der die eigenen Gefühle und Reaktionsweisen immer wieder näher unter die Lupe nehmen würde. Es sind also nicht so sehr die hinter Vorurteilen erkennbaren emotionalen Belastungen und Konfliktstoffe an sich, die für ihre sehr entfremdenden und zerstörerischen Wirkungen verantwortlich sind, sondern vielmehr das Verfehlen eines einigermaßen offenen Umgangs mit ihnen – ein grundlegendes Unvermögen, sich mit ihnen in ein erträgliches „inneres Einvernehmen" zu setzen.

Verdrängung, Widerstand, Abwehrmechanismen

Drei zentrale Elemente von Vorurteilen

Einige wesentliche Konfliktherde, die Vorurteilen ihre emotionale Antriebskraft und hartnäckige Macht verleihen, schälen sich bereits bei einer grundlegenden Betrachtung typischer Inhalte heraus. Es kann dabei von den spezielleren Vorstellungen über die Personen oder Gruppen abgesehen werden, gegen die sie sich in den Fallbeispielen gerade wenden (und die in diesem Sinne eher als besondere Spielarten verstanden werden können, in denen die tieferen Grundmuster einen unterschiedlichen Ausdruck im „Oberflächenbild" der konkreten Vorurteile finden). Unter einem solchen tiefer zielenden Blickwinkel kommen drei zentrale Elemente in ausgeprägter Weise zur Geltung: eine Aberkennung der Menschenwürde, eine scharfe Trennung zwischen „gut" und „böse" und Vorstellungen von einer überschießenden Bedrohlichkeit.

Tief liegende Grundmuster

Verachtung

Die durch die Brille von Vorurteilen wahrgenommenen Personen bzw. Gruppen werden grundlegend (wenn auch in unterschiedlichen Graden an Heftigkeit) als verächtliche Wesen abgestempelt, d.h., ihr Anspruch auf Würde und Selbstachtung wird ihnen verweigert oder zumindest nur sehr ungenügend anerkannt. Dies ist insbesondere nicht mit konkreten Vorwürfen oder Vorbehalten zu verwechseln, die man – ob nun zu Recht oder zu Unrecht – gegen sie erheben und über die man einen sachlich angemessenen Streit führen könnte. Daraus ergibt sich auch, dass solche Vorwürfe oder Vorbehalte vor allem die Funktion von äußeren Anlässen oder Vorwänden erfüllen, um der Tatsache, dass den betroffenen Menschen der Respekt vor ihrer grundlegenden Würde verweigert wird, einen oberflächlichen Schein von Rechtfertigung zu verleihen.

Verweigerung des Respekts

Dieses Motiv verweist – auf Seiten derer, die Vorurteile hegen – in erster Linie auf den Hintergrund eines tief verunsichertens Selbstwertempfindens, das durch den Abwehr-

Zweifel am eigenen Selbstwert

Vorurteile auf individueller Ebene

mechanismus der Projektion notdürftig abgestützt wird: Eine grundlegende, mehr oder weniger permanent rumorende Brüchigkeit der eigenen Identität und Selbstachtung kann so zumindest teilweise verdrängt und in Schach gehalten werden, wenn das Problem (scheinbar) irgendwo in der Außenwelt „abgeladen" wird. Und zwar indem anderen Menschen das in die Schuhe geschoben oder zugemutet wird, was für das eigene Selbstgefühl als zu unerträglich empfunden wird, um es sich bewusst eingestehen zu können.

Heimliches Motto

Das heimliche Motto hinter diesem Motiv könnte also lauten: Um an meinem brüchigen Gefühl für den Wert meiner Person nicht vollends zu verzweifeln, brauche ich andere, deren Selbstwert noch viel brüchiger sein muss und auf deren Verächtlichkeit ich meine Aufmerksamkeit konzentrieren kann. (Ja, vielleicht kann ich mich im zugespitzten Kontrast zu ihnen sogar zum verzweifelt ersehnten Gefühl triumphierender Großartigkeit aufschwingen – und in diesem Rausch den Schmerz über meine fehlende Selbstachtung ein wenig betäuben?)

Schwarz-Weiß-Denken

Zwischentöne beunruhigen und verwirren

Vorurteile bilden einen unverzichtbaren Bestandteil für alle „schwarz-weiß malenden" Weltbilder, in denen die menschliche Gesellschaft glatt und unüberbrückbar in „Gute" und „Schlechte" aufgespalten wird – in hoch und niedrig zu Achtende, in Freund und Feind, in „Unsrige" und Außenstehende, in „Reine" und „Unreine", in „Anständige" und „Unanständige", in „Recht-" und „Ungläubige" und ähnliche Gegensatzpaare mehr. Zwischentöne, Nuancierungen, Brückenschläge oder Vermittlungen zwischen den derart gegeneinander aufgestellten Fronten oder Gruppierungen werden als akut beunruhigend erlebt und dementsprechend auch oft des hinterlistigen Verrats an der „richtigen" Seite beschuldigt. Dieses Motiv verweist in erster Linie auf eine ausgeprägte Unfähigkeit, sich über eigene widersprüchliche Gefühle Rechenschaft abzulegen – d.h., die psychologische Realität ertragen zu können, dass in den Einstellungen zu den meisten Menschen und Dingen „zwei Seelen in unserer Brust wohnen" (vor allem auch zu jenen Menschen und Dingen, die für uns wesentliche Bedeutung haben). Die damit einhergehende Unfähigkeit zu einem Ausbalancieren unserer zwiespältigen Gefühlsregungen und Wahrnehmungen – bei dem Gründe für Zu- und Abneigung, Licht- und Schattenseiten zu einem angemessenen Gesamtbild vereinigt werden könnten – erzeugt ein suchtartiges Bedürfnis nach polarisierten Frontbildungen in der Außenwelt, hinter denen die unversöhnlich entgegengesetzten Empfindungen der Innenwelt (scharf voneinander getrennt) „untergebracht" und somit notdürftig stabilisiert werden können.

Polarisierte Fronten bringen scheinbare Ordnung

Heimliches Motto

Das heimliche Motto hinter diesem Motiv könnte also lauten: Um an der Zerrissenheit meiner Gefühle nicht vollends zu zerbrechen, brauche ich ein Weltbild und ein gesellschaftliches Umfeld, das meiner inneren Gespaltenheit eine äußere Spiegelung (und damit Rechtfertigung) liefert und mich so vor dem Schmerz der Erkenntnis bewahrt, wie sehr ich, was ich liebe, auch hasse und was ich hasse, auch liebe.

Angst vor Bedrohung

Angst unabhängig von Realität

Den durch die Brille von Vorurteilen wahrgenommenen Menschen werden meist Macht, Gefährlichkeit und grausame Absichtlichkeit in einem Ausmaß zugeschrieben, bei dem auf Plausibilität oder realistische Größenordnungen kaum Rücksicht genommen wird – und das daher dazu tendiert, ins Grenzenlose auszuufern: Die betreffenden Personen bzw. Gruppen scheinen oft rundum und unaufhaltsam an Macht und Einfluss zu gewinnen, immer zahlreicher zu werden und von unablässig zerstörerischen Absichten getrieben zu sein. Dementsprechend muss auch jedes Ansinnen abgewehrt werden, „die Kirche im Dorf zu belassen" – d.h. (eventuell auch tatsächlich) von ihnen ausgehende Belastungen oder Bedrohungen mithilfe von ausreichender Information in

Ignorieren von Information

Josef Berghold

> **Erfahrungen mit einem wichtigen Ansatz für den Abbau von Vorurteilen**
>
> **Zwei Beispiele aus den USA**
> Öffentliche Verantwortungsträgerinnen und -träger, die demokratische Werte glaubwürdig vertreten
>
> In seinem bahnbrechenden Werk „The Nature of Prejudice" zur Psychologie der Vorurteile führte Gordon Allport eine Anzahl von Beispielen und Studien für seinen Standpunkt an, dass Personen und Institutionen, die sichtbare gesellschaftliche Verantwortung tragen, einen sehr wirkungsvollen Beitrag leisten können (und sollen!), um den Einfluss von Vorurteilen zurückzudrängen und demokratischen Werten mehr Gewicht zu verschaffen. Die meisten Menschen, argumentierte er, sind innerlich gespalten: Einerseits werden sie oft in einer ersten unüberlegten Reaktion auf eine Situation, die ihre Vorurteile anstachelt, von ihnen mitgerissen – andererseits empfinden sie aber auch zumindest insgeheim Scham über ihre Missachtung von Fairness und sozialer Gerechtigkeit. Öffentliche Verantwortungsträgerinnen und -träger, die entschieden und überzeugend für die Respektierung dieser Prinzipien eintreten, können daher oft weit mehr erreichen, als es auf den ersten Blick erscheinen mag.
>
> Als Beispiel führte Allport unter anderem Erfahrungen im integrierten sozialen Wohnbau in den USA der Nachkriegsjahre an. In vielen Fällen musste weißen Anspruchsberechtigten von den Behörden erst klar gemacht werden, dass sie ihren Anspruch der öffentlichen Hand gegenüber nur unter dem rechtsstaatlichen Gleichheitsprinzip geltend machen konnten (das eine diskriminierende Behandlung schwarzer Anspruchsberechtigter verbietet): Wenn sie eine Sozialwohnung bekommen wollten, mussten sie also bereit sein, Tür an Tür mit schwarzen Nachbarn und Nachbarinnen zu wohnen. Wie sich zeigte, nahmen ihre Vorurteile gegen Schwarze schon nach kurzer Zeit gelebter Nachbarschaft sehr deutlich ab.
>
> Noch beeindruckender ist vielleicht ein geschichtlich weiter zurückliegendes Beispiel, das Allport anführte: Als sich 1848 erstmals ein Afro-Amerikaner um Aufnahme am Harvard College bewarb, gab es breite und lautstarke Empörung unter der weißen Bevölkerung. Rektor Edward Everett ließ sich nicht einschüchtern und verkündete: „Wenn dieser Junge die Aufnahmeprüfung besteht, wird er aufgenommen, und wenn die weißen Studenten es dann vorziehen sollten, aus dem College auszuscheiden, werden eben alle Einnahmen des College für seine Ausbildung eingesetzt." Tatsächlich machte in der Folge kein einziger weißer Student die Drohung wahr, auszuscheiden, und das Harvard College verlor weder Einnahmen noch an Ansehen.
>
> Quelle: Allport 1979.

ihrem konkreten Gewicht abzuschätzen oder aus ihren konkreten Kontexten (Vorgeschichte, Konfliktursachen, Interessenslagen usw.) heraus zu verstehen. Dieses Verweigerungsmotiv verweist zu einem wesentlichen Teil auf eine grundlegende Unfähigkeit, zu unseren Wünschen, Ängsten und Phantasien von Allmacht und Ohnmacht einen angemessenen Umgang zu finden – was vor allem bedeuten würde: uns von den oft sehr beschränkten Möglichkeiten, unsere Lebensumstände zu kontrollieren, weder in eine Panik lähmender Hilflosigkeit noch in einen Wahn von Übermacht und magischer Beherrschbarkeit von Problemen treiben zu lassen; wobei beide Reaktionen unbewusst eng beieinander liegen und sich in vielfältiger Weise ergänzen. Bei Vorurteilen kommt dieses dichte Ineinandergreifen von Allmachtswahn und Ohnmachtspanik insbesondere darin zur Geltung, dass die bewusst als ausufernd bedrohlich phantasierten Menschen, die sie ins Visier nehmen, meist auch unübersehbare Zeichen von sozialer Schwäche und Verletzbarkeit aufweisen (da Vorurteile überwiegend gegen Gruppen zielen, die in Außenseiterrollen gedrängt bzw. in ihren wirtschaftlichen, politischen oder kulturellen Möglichkeiten deutlich benachteiligt sind). Hinter der äußeren Fassade eines überdramatisierten Angstszenarios steht also dessen verborgene Beschwichtigung durch die entgegengesetzte Phantasie eigener Überlegenheit – die besonders auch durch grausames Verhalten gesteigert werden kann. (Ein zentraler Beweggrund von Grausamkeit liegt im Hilflos-Machen anderer und in der dadurch genährten Illusion eigener Allmacht.)

Allmachtswahn und Ohnmachtspanik

Vorurteile auf individueller Ebene

Heimliches Motto

Das heimliche Motto hinter dieser Phantasie ausufernder Bedrohlichkeit der vorurteilshaft Wahrgenommenen könnte also lauten: Um von der in mir lauernden Ohnmachtspanik nicht überschwemmt zu werden, brauche ich andere, die sich noch viel hilfloser fühlen müssen als ich, und durch deren Verfolgung ich mir ein zumindest vorübergehendes Gefühl von Stärke, Überlegenheit und Souveränität verschaffen kann.

> **Zentrale Elemente von Vorurteilen**
>
> → Verachtung aufgrund der Unsicherheiten und Bruchstellen des Selbstwertempfindens.
>
> → Schwarz-Weiß-Denken aufgrund der Schwierigkeit, sich gegensätzliche Gefühle einzugestehen und in eine tragfähige Balance zu bringen.
>
> → Angst vor Bedrohung aufgrund der Unfähigkeit, sich von den unvermeidlichen Lebenserfahrungen von Hilflosigkeit weder in Allmachtswahn noch in Ohnmachtspanik treiben zu lassen.

Allgemein menschliche Grundausstattung

Die grundlegenden psychologischen Notlagen, die hinter den drei eben erörterten Motiven erkennbar werden (siehe zusammenfassenden Kasten), dürften nun, wie bereits angedeutet, zu unserer allgemeinen menschlichen Grundausstattung gehören. Das diesen Notlagen innewohnende Gefahrenpotenzial, das zu schweren Vorurteilen und entsprechend diskriminierenden Einstellungen und Handlungen führen kann, kommt aber (wie ebenfalls bereits angedeutet) im Wesentlichen erst dann und insofern zum Tragen, als sie einer offenen und selbstkritischen Auseinandersetzung entzogen sind und sich dadurch zu zwanghaften – d.h. von nicht eingestandenen und nicht durchschauten Ängsten beherrschten – Reaktionsweisen verhärten.

Traumatische Ursprünge

Wunden, die die Zeit nicht heilt

Von Ängsten beherrscht zu werden, deren Existenz oder Beweggründe nicht (oder nur sehr ungenügend) anerkannt werden können, verweist nun letzten Endes auf traumatische Ursprünge, d.h. auf Erlebnisse von Hilflosigkeit und Kränkung, in einem so überwältigenden Ausmaß, dass die betreffenden Menschen keine Chance haben, angemessen darauf zu reagieren, und sie daher nachhaltig abspalten (aus ihrem Bewusstsein „wegsperren") müssen. Solange traumatisches Erleben in diesem abgespaltenen Zustand „feststeckt", bleibt ihm auch der normale Weg psychischer Verarbeitung versperrt, über den Verletzungen, Belastungen, Schicksalsschläge usw. ansonsten nach und nach überwunden werden können. Psychische Traumen kann man daher als Wunden verstehen, für die die Regel „Die Zeit heilt Wunden" nicht (oder nur sehr eingeschränkt) gilt. Die traumatische Abspaltung liefert nicht zuletzt auch einen maßgeblichen Hintergrund für die drei erörterten zentralen Vorurteilsmotive der Verächtlichkeit (eines brüchigen Selbstwertempfindens), eines „Schwarz-Weiß"-Denkens (unüberbrückbarer Gefühlsambivalenzen) und überschießender Bedrohlichkeit (einer Unfähigkeit, mit unserer relativen Hilflosigkeit konstruktiv umzugehen).

Wesentliche Langzeitwirkungen

Anhand eines viele Menschen in ihrer frühen Lebensgeschichte prägenden Traumas – als Kind mit seinen echten Wünschen, Neigungen und Gefühlen von den elterlichen Bezugspersonen grundlegend abgelehnt zu werden – beschreibt der Psychoanalytiker Arno Gruen einige wesentliche Langzeitwirkungen, die einen tief verankerten Zwang zu Vorurteilen nachvollziehbar machen. „Als Kinder waren wir ausgeliefert und hilflos", erläutert er. „Unser Überleben hing von einer Übereinstimmung mit den Eltern ab." (Gruen, 2000, 23) „Ein Kind ist nicht in der Lage, sich gegen die drohende Kälte elterlicher Autorität zur Wehr zu setzen." (ebd., 39) In noch höherem Maße als bei Erwachsenen kommt beim Kind die für traumatisches Erleben charakteristische Reaktion zum

Tragen, „dass sich der Mensch, dessen Existenz von Terror bedroht ist, mit der ihn bedrohenden Instanz identifiziert, mit ihr verschmilzt, seine Identität einer vermeintlichen Rettung wegen aufgibt. [...] Anstatt den Realitäten ins Auge zu schauen, halluzinieren wir eine Einheit mit dem uns bedrohenden Anderen und verlieren so die eigene Identität." (Gruen 2002, 31f.).

Die ursprünglichen Regungen, Wünsche oder Wahrnehmungen des Kindes, die von den überwältigend mächtigen Eltern verworfen werden, müssen bei diesem Prozess als verachtenswert abgestoßen, zum inneren Fremden gemacht werden. Der entsprechende „Hass auf das Eigene bringt Kinder hervor, die sich nur noch als aufrecht gehend erleben können, wenn sie diesen Hass nach außen wenden können. Indem das Eigene als fremd von sich gewiesen wird, wird es zum Auslöser der Notwendigkeit, Feinde zu finden, um die so erlangte Persönlichkeitsstruktur aufrecht zu erhalten." (ebd. 23)

Hass auf das Eigene

Die überwiegend aus Fassade bestehende „Identität" von Menschen, „die auf einer Identifikation mit Angst einflößenden Autoritäten beruht", ist dementsprechend auch „ständig von Auflösung bedroht." (ebd., 28). Aus dieser inneren Not wird „das Eigene, das ja Auslöser des inneren Terrors ist, in äußeren Fremden gesucht und bekämpft [...]. Dabei findet man das Eigene natürlich am ehesten bei Menschen, die einem ähnlich sind" (ebd., 24) – wobei diese Ähnlichkeit vom abwehrenden Bewusstsein natürlich heftig abgeleugnet werden muss. Woraus sich das Paradoxon ergibt, „dass wir einen anderen vor allem dann als fremd erleben, wenn er uns ähnlich ist", und es nach dieser tieferen Logik von Vorurteilen also „die Gemeinsamkeiten [sind], die Menschen dazu bringen, einander zu bekämpfen, nicht die Unterschiede." (ebd., 18).

Kampf gegen verleugnete Gemeinsamkeiten

LITERATUR

Allport, Gordon: The Nature of Prejudice. Cambridge, Mass. 1979

Aronson, E./Wilson, T.D./Akert, R.M.: Sozialpsychologie. München 2008

Bobbio, Norberto: La natura del pregiudizio, in: ders.: Elogio della mitezza e altri scritti morali. Milano 1994, 123–139

Ebner-Eschenbach, Marie von: Aphorismen, in: dies.: Das Gemeindekind. Novellen. Aphorismen. Wien 1961, 863–904

Elias, Norbert/Scotson, John L.: Etablierte und Außenseiter. Frankfurt a.M. 1993

Förster, Jens: Kleine Einführung in das Schubladendenken. München 2007

Gruen, Arno: Der Fremde in uns. Stuttgart 2000

Gruen, Arno: Der Kampf um die Demokratie. Stuttgart 2002

Horkheimer, Max: Über das Vorurteil, in: FAZ vom 20.5.1961

Ottomeyer, Klaus: Kriegstrauma, Identität und Vorurteil. Klagenfurt/Celovec 1997

Alle deutschsprachigen Zitate aus Allport und Bobbio wurden vom Autor übersetzt.

THEORETISCH-DIDAKTISCHE GRUNDLAGEN

Anton Pelinka

Vorurteile auf gesellschaftlicher Ebene

Wir wissen, dass die besten Marathonläufer und -läuferinnen aus Ostafrika kommen. Und wir glauben zu wissen, dass Japaner fleißiger sind als Griechen; und dass die „Indianer" Nordamerikas einen besonderen, einen besseren Umgang mit der Natur pflegen als „wir Europäer".

Gefährliches Scheinwissen

Das sind Urteile, die überprüfbar sind – und gegebenenfalls widerlegt werden können. Das macht den Unterschied aus – Vorurteile, die sich der Überprüfung stellen, sind anders zu bewerten als solche, die sich einer solchen Überprüfung entziehen. Vorurteile, die sich als Wissen ausgeben – ohne es zu sein – und die nicht einer Konfrontation mit der Wirklichkeit ausgesetzt sind, können gefährlich werden: Weil sie das Zusammenleben vergiften; weil sie bestimmte Gruppen von Menschen zu Feinden machen können, ohne dass dies den Tatsachen entspricht.

Vorurteile können verschwinden

In der Geschichte gab es Vorurteile, die uns heute lächerlich vorkommen – etwa, dass es Hexen gibt. Man glaubte, diese erkennen zu können – etwa anhand ihres Alters oder ihrer Vertrautheit mit der Heilkunst. Diesem Vorurteil sind über Jahrhunderte zahllose Menschen (vor allem Frauen) zum Opfer gefallen – sie wurden als Hexen verbrannt oder sonst wie ermordet. Heute ist es schwer zu verstehen, wie dies möglich war. Bestimmte Vorurteile verschwinden.

Bei Karl May lesen wir, dass alle Apachen gut und mutig, alle Komantschen aber böse und feige sind. Bei genauerem Nachdenken wird uns aber bald klar, dass es so einfach – so schwarz und weiß – wohl nicht sein kann. Wir begreifen, dass es sich in den „Winnetou"-Bänden um eine literarische Darstellung handelt, die Vorurteile in besonders simpler Weise transportiert. Und es wird wohl allen klar, dass diese Vorurteile ein falsches Bild liefern. Wir können also Vorurteile auflösen. Aber können wir Vorurteile insgesamt zum Verschwinden bringen?

Eigenbild – Fremdbild

Vorurteile verstärken die Vorstellung, dass „wir" anders sind als „die anderen". Vorurteile tragen dazu bei, ein deutliches Bild von „uns" zu entwickeln – von uns Europäern und Europäerinnen oder Jugendlichen oder Fußballfans. Damit schärfen wir aber auch das Bild, das wir uns von den anderen machen – den Menschen, die nicht aus Europa kommen; den Alten; oder denen, die an Fußball kein Interesse haben.

Wie wirken Vorurteile?

→ Vorurteile verstärken die Vorstellung, dass „wir" anders sind als „die anderen".
→ Vorurteile tragen dazu bei, ein deutliches Bild von „uns" zu entwickeln.
→ Vorurteile dienen dazu, dass wir in Hierarchien denken – in welchen „wir" über „den anderen" stehen.

Anton Pelinka

Diese Bilder von „den anderen" sind nicht einfach und immer falsch: Die meisten Afrikaner und Afrikanerinnen haben eine dunkle Hautfarbe, ältere Menschen bewegen sich anders als jüngere, und diejenigen, die nicht begreifen, wie es um die Rivalität etwa zwischen Real Madrid und dem FC Barcelona steht, haben wohl kaum Verständnis für die Welt der Fans.

Die Bilder von „den anderen" werden aber nur zu oft verzerrt, um „uns" besser dastehen zu lassen – und „die anderen" schlechter. „Die Amerikaner" haben keine Kultur, „die Jugend" ist faul und desinteressiert, und „die Frauen" können nicht logisch denken – oder nicht Auto fahren. Wenn wir daran glauben, dann können wir – wir, die Nicht-Amerikaner, die Alten, die Männer – uns überlegen fühlen; ohne dass wir – als Personen – etwas dazutun, etwas leisten müssen.

Instrumentalisierung

Vorurteile dienen dazu, dass sich in unseren Köpfen Hierarchien bilden, Rangordnungen – „oben" und „unten"; dass wir in „höher" und „niedriger", „besser" und „schlechter" denken. Und dabei gibt es zumeist die Neigung, dass „wir" uns selbst – unsere Nation beispielsweise – „höher" und nicht „niedriger" einstufen. Vorurteile schaffen ein Denken in Ungleichheiten; in Ungleichheiten, die sich nicht auf die individuelle Leistung der Menschen gründen, sondern auf die Zugehörigkeit der Menschen zu einer Gruppe; wobei diese Zugehörigkeit – zumeist – nicht freiwillig gewählt, sondern vorgegeben ist: Männer entscheiden sich ebenso wenig, Männer zu sein, wie sich Japanerinnen bei ihrer Geburt entscheiden können, ob sie Japanerinnen sein wollen.

Bildung von Hierarchien

Vorurteile – welche gibt es?

Vorurteile beziehen sich auf andere – auf andere Nationen, andere Religionen, andere Generationen, auf das andere Geschlecht. Danach können wir unterschiedliche Typen von Vorurteilen unterscheiden. Einige – die wichtigsten – Beispiele:

„Rassische" Vorurteile ...
... die davon ausgehen, dass äußerlich erkennbare Merkmale (die Färbung der Haut, die Beschaffenheit der Haare, die Stellung der Augen etc.) etwas über die Menschen aussagen, die einer bestimmten „Rasse" zugerechnet werden. Nun wissen wir aus der Forschung, dass alle Menschen ungleich mehr biologisch gemeinsam haben als das, was sie trennt; und wir wissen, dass nur zu oft – etwa in Amerika – die „Rassen" längst ineinander aufgegangen sind.

Es gibt also keine „reinen Rassen" – und es gibt überhaupt keine „Rassen". Und wir können auch feststellen, dass der Begriff „Rasse" im Laufe der Geschichte höchst unterschiedlich, höchst widersprüchlich verwendet wurde. So wurde der ursprünglich ausschließlich religiöse Begriff „Jude" und „Jüdin" im Laufe der Neuzeit durch die Erfindung einer jüdischen „Rasse" (die es nicht gibt) inhaltlich verändert. Und so war es bis tief in das 20. Jahrhundert hinein in Großbritannien üblich, von einer „British Race" zu sprechen – also von einer „Rasse", für die heute der Begriff „Nation" verwendet würde.

Der Begriff „Rasse"

Nationale Vorurteile ...
... die wesentliche Unterschiede zwischen einzelnen Völkern behaupten. Sicher ist, dass die Zugehörigkeit zu einer Nation, zu einem Volk dazu führt, dass – vermittelt durch Erziehung – Menschen unterschiedliche Neigungen entwickeln. In der einen Nation ist Fußball der Sport, der mit Abstand die meiste Begeisterung hervorruft – in der anderen mag dies Eishockey oder Baseball oder Basketball sein. Und die Musik, die wir – zu Recht – für spezifisch italienisch halten, ist ganz anders als die, die typisch

Kulturelle Unterschiede durch soziales Umfeld

Vorurteile auf gesellschaftlicher Ebene

für Indien ist. Es gibt kulturelle Unterschiede – aber diese sind weder angeboren, noch sind sie Grund genug, die eine Kultur, das eine Volk für höherwertiger als das andere zu halten. Die Geschichte gerade in Europa hat gezeigt, wie sehr nationale Vorurteile in aggressiven Nationalismus umzuschlagen vermögen und Kriege verursachen können.

Vorurteile zwischen den Generationen ...

Aus Jung wird unweigerlich Alt

... mögen weniger bedrohlich und explosiv sein, sie sind aber hartnäckig. Es hat wohl noch keine Generation gegeben, in der nicht viele – sobald sie älter werden – zu bemerken glauben, dass die nächste Generation, „die Jugend", vieles schlechter macht, schlechter kann, ja insgesamt schlechter ist. Alte machen sich ein grob vereinfachtes Bild von „den Jungen" – und Junge von „den Alten". Gerade die Hartnäckigkeit dieser Vorurteile belegt aber, wie sehr sich diese mit der Wirklichkeit reiben: Diejenigen, die heute jung sind, werden – sobald sie zu „den Älteren" gezählt werden – vielfach die Vorurteile der schon heute Älteren entwickeln, Vorurteile, die sich gegen die richten, die morgen „die Jugend" sein werden.

Vorurteile, die sich auf das Geschlecht beziehen ...

Biologie vs. Gesellschaft

... betonen objektiv gegebene biologische Unterschiede und leiten davon bestimmte, mit dem Geschlecht verbundene, angeborene Fähigkeiten ab. Nun ist zwar richtig, dass Männer im Durchschnitt einen Körper haben, der sie zu Leistungen – im Sport etwa – befähigen, zu denen Frauen nicht fähig sind. Aber aus diesen physiologischen Unterschieden soziale ableiten zu wollen – etwa, dass Frauen und Männer nicht in gleichem Umfang zum Studium der Physik oder zur Beschäftigung mit der Politik befähigt wären –, ist leicht als naiver Unsinn zu erkennen: Denken wir nur an die Physikerin Marie Curie oder an die Friedensnobelpreisträgerin Berta von Suttner.

Sexuelle Orientierung

Zu dieser Gruppe von Vorurteilen zählen auch die negativen Einstellungen zu Menschen mit gleichgeschlechtlicher Orientierung: Schwulen und Lesben werden – im Widerspruch zu allen Erfahrungen – negative Eigenschaften zugeschrieben, nur weil sie so sind, wie sie sind. Die Vorurteile, die sich auf das Geschlecht und die geschlechtliche Orientierung beziehen, haben sich vielfach verschoben und sind vielleicht nicht mehr so aggressiv wie in der Vergangenheit. Dennoch halten sich diese Vorurteile hartnäckig – auch wenn sie langfristig abgebaut werden können und auch abgebaut werden.

Vorurteile gegen bestimmte Religionen ...

... also religiöse Vorurteile, unterscheiden sich von den anderen Vorurteilen, weil ein religiöses Bekenntnis – anders als die geschlechtliche Identität oder die Zugehörigkeit zu einer Nation – grundsätzlich ein gewisses Maß an freier Entscheidung beinhaltet. Dennoch können wir beobachten, dass sich zwischen den Religionen immer wieder explosive Vorurteile aufbauen: Wurde lange in Europa der Gegensatz zwischen Katholizismus und Protestantismus von intensiven Feindbildern bestimmt, die in der Neuzeit auch zu religiös motivierten Kriegen geführt haben, so ist es heute die Bildung von Feindbildern zwischen den drei monotheistischen Religionen – den „Bücherreligionen" des Judentums, des Christentums, des Islam. Bei näherem Hinsehen fällt freilich auf, dass in allen diesen religiösen Traditionen sich viele Parallelen feststellen lassen – etwa, was die Rolle der Geschlechter betrifft. Vieles, was – vermeintlich – die eine von der anderen Religion unterscheidet, ist allen gemeinsam, ist historisch erklärbar und kann, wird sich im Laufe der Geschichte auch verändern.

Religiös motivierte Konflikte

Parallelen

Nüchterner Blick auf Unterschiede

Dass sich Menschen voneinander unterscheiden, ist das eine. Dass man die beobachtbaren Unterschiede im kulturellen Verhalten jedoch zu unveränderbaren, zu naturgegebenen Differenzen hochstilisiert, ist das andere. Was notwendig ist, das ist der

Anton Pelinka

nüchterne Blick auf diese Unterschiede. Die Erkenntnis, dass die – vermeintlich so ehernen – Gegensätze zwischen „Rassen" und Völkern, Religionen und Generationen und Geschlechtern sich ständig verändern, hilft mit, Vorurteile zu entlarven: als ein Scheinwissen, das vorgibt, Wissen zu sein.

Die Konstruktion des Sündenbocks

Dass wir mit Vorurteilen leben müssen, ist die Folge dessen, dass Vorurteile eine bestimmte Funktion erfüllen, dass sie bestimmte Bedürfnisse befriedigen: das Bedürfnis, sich „besser" und „überlegen" zu fühlen; aber auch das Bedürfnis, für Schlechtes Schuldige zu finden. Menschen neigen dazu, negative Entwicklungen, die sie nicht verstehen und begreifen können, der Verantwortung anderer Menschen zuzuschreiben. Menschen haben im Laufe der Geschichte immer wieder Sündenböcke konstruiert – auf der Grundlage von Vorurteilen.

Funktion von Sündenböcken

Ein Beispiel war der Hexenwahn im (europäischen) Mittelalter und in der frühen Neuzeit. Das Ausbrechen von Seuchen war damals nicht rational erklärbar; ebenso wenig Naturkatastrophen. Und so wurden Schuldige gesucht und gefunden – Unschuldige, die zu Schuldigen gemacht wurden; weil man glaubte, Schuldige zu brauchen. Diesem Wahn fielen Zehntausende (manche argumentieren: Hunderttausende) Menschen zum Opfer; vor allem Frauen; vor allem, weil bestimmte Vorurteile (gegen Frauen) schon existierten und sich als scheinbare Erklärung für das Unerklärbare anboten.

Hexenwahn

Ein anderes Beispiel war der Holocaust (die Shoah) – die massenhafte Ermordung der europäischen Juden durch das nationalsozialistische Regime im Zweiten Weltkrieg. Dieser Völkermord wurde durch ein sich die Jahrhunderte hindurch entwickelndes, hartnäckiges Vorurteil vorbereitet: „Die Juden" – und zwar nicht nur als Angehörige der jüdischen Religionsgemeinschaft, sondern als Teil einer (angeblichen) „Rasse" – wurden für alle Übel der Welt verantwortlich gemacht: Beginnend mit dem Tod Jesu Christi bis zur wirtschaftlichen Ausbeutung, zur Massenarbeitslosigkeit und zum Massenelend des frühen 20. Jahrhunderts.

Holocaust

Ein weiteres, nicht weit zurückliegendes Beispiel lieferte Ruanda im Jahr 1994: In diesem afrikanischen Staat, der Jahrhunderte hindurch vom Gegensatz zwischen den beiden sozialen Gruppen der Hutu und der Tutsi bestimmt war, genügte ein bestimmter Anlass, ein Flugzeugabsturz – und die gezielte Behauptung, daran seien „die Tutsi" schuld, um einen Völkermord auszulösen. Innerhalb eines Zeitraumes von wenigen Wochen wurden in dem kleinen Staat Hunderttausende Menschen ermordet – von Menschen, die bis dahin die Nachbarn und Nachbarinnen der Opfer waren. Der Hintergrund: Zwischen den beiden ursprünglich sozial definierten Gruppen (nomadisierenden Viehzüchtern und sesshaften Ackerbauern) hatten sich über Jahrhunderte Vorurteile aufgestaut, die auch von den Kolonialmächten Deutschland und Belgien ausgenützt worden waren.

Völkermord in Ruanda

Das ist die gefährliche, die bedrohliche Natur des Vorurteils: Es mag mit harmlosen Witzen beginnen – über „die Türken" oder über „die Frauen". In Verbindung mit bestimmten Entwicklungen – etwa mit einer Krise – können diese Vorurteile die Pseudo-Erklärung für alle möglichen Missstände liefern; für eine schlechte Ernte oder für eine Epidemie oder für eine negative Entwicklung der Wirtschaft. Vorurteile sind – potenziell – mörderisch.

Mörderische Vorurteile

Vorurteile auf gesellschaftlicher Ebene

Erfahrung und Wissen als Gegenmittel

Komplizierte Wirklichkeit

Vorurteile werden gebraucht, um eine komplizierte Wirklichkeit zu vereinfachen. Das allein ist noch nicht bedrohlich. Wenn wir etwa davon ausgehen, dass Mütter wahrscheinlich mehr Zeit der Erziehung ihrer Kinder widmen als Väter, so ist das zwar auch ein Vorurteil, das in vielen Einzelfällen überhaupt nicht stimmt. Aber es ist – für sich – noch ohne negative Konsequenzen für Frauen und Männer. Und es entzieht sich nicht – wie etwa „rassische" Vorurteile – jeder Überprüfung anhand der Wirklichkeit.

Instrumentalisierung von Vorurteilen

Die Flucht aus der komplizierten Wirklichkeit ermöglicht die politische Manipulation von Vorurteilen. Gegen bestimmte „Fremde" – fremd im religiösen oder nationalen oder anderen Sinn – können Emotionen gelenkt und (bei Wahlen) Stimmen gewonnen werden. Auf der Basis von Vorurteilen kann die Schuld an tatsächlichen und vermeintlichen Missständen sehr leicht gegen die zu „Fremden" erklärten „anderen" gelenkt werden. Vor einer solchen („populistischen") Instrumentalisierung hilft letztlich nur, sich auch mit den komplizierteren Aspekten von Gesellschaft und Politik vertraut zu machen.

Hinterfragen der Vorurteile

Da es ein tiefes menschliches Bedürfnis gibt, komplizierte Sachverhalte einfach zu erklären, müssen wir mit Vorurteilen leben. Was wir tun können, und im Interesse eines friedlichen Zusammenlebens tun müssen, das ist ein ständiges, hartnäckiges Hinterfragen der Vorurteile; und das ist eine „Abrüstung" der Aggressivität, die nur zu oft mit Vorurteilen verbunden ist.

Vorurteile sind Scheinwissen, das nicht auf Erfahrung beruht – oder auf einer nur eingeschränkten, punktuellen Erfahrung, die allzu schnell verallgemeinert wird. In einer Gesellschaft, die der Demokratie und damit auch den Grundrechten aller Menschen verpflichtet ist, muss – als Gebot intellektueller Redlichkeit – auf Erfahrung und das aus der Erfahrung kommende Wissen zurückgegriffen werden. Scheinwissen kann und soll zerstört werden – durch Wissen, das wir alle uns aneignen können; wenn wir nur wollen.

Dietmar Larcher

Du sollst dir kein Bildnis machen

Vorurteile in der Altersgruppe der Zehn- bis Vierzehnjährigen

„Unsere Jugend ist heruntergekommen und zuchtlos. Die jungen Leute hören nicht mehr auf ihre Eltern. Das Ende der Welt ist nahe."
Ägyptischer Keilschrifttext in Ur/Chaldäa, 2000 v. Chr.

„Die Jugend liebt heute den Luxus. Sie hat schlechte Manieren, verachtet die Autorität, hat keinen Respekt mehr vor älteren Leuten und schwätzt, wo sie arbeiten sollte. Die Jugend steht nicht mehr auf, wenn Ältere das Zimmer betreten. Sie verschlingen bei Tisch die Speisen und legen die Beine übereinander. Sie widersprechen ihren Eltern und tyrannisieren ihre Lehrer."
Sokrates, 400 v. Chr.

„Was mir den Aufenthalt in Karthago verleidete, war die Zügellosigkeit der dortigen Jugend, die es als ihr durch straflose Gewohnheit geheiligtes Recht in Anspruch nahm, jederzeit bei den Lehrern einzudringen und durch allerhand gröblichen Unfug die Ordnung zu stören."
Augustinus, 383

„Das sind Kinder, die in der Klasse revoltieren und den Lehrer hinaustreiben. Aber auch der Jubel dieser Kinder wird ein Ende finden; sie werden zuletzt merken, daß sie, mögen sie auch Rebellen sein, doch nur schwächliche Rebellen sind, die ihre eigene Rebellion nicht aushalten."
Dostojewski, 1865

Alte neue Vorurteile

Die hier als Motto vorangestellten Aussprüche großer Geister, ihre kleingeistigen Diagnosen der Jugend ihrer Zeit, wurden von gelehrsamen Pädagogen und Pädagoginnen schon vor Jahrzehnten gesammelt. Heute findet man diese und noch viele andere, ähnlich „geistreiche" Äußerungen prominenter Vordenker auf zahlreichen Websites im Internet.[1]

Erwachsene machen sich ein Bildnis von Jugendlichen. Man nennt so was bekanntlich Vorurteil. Vorurteile von Erwachsenen gegenüber Jugendlichen sind offenbar zeitlos und befallen sogar die größten Köpfe der abendländischen Geistesgeschichte. Vermutlich sind auch wir, die wir uns die Köpfe über Vorurteile der Zehn- bis Vierzehnjährigen zerbrechen, nicht frei von ihnen. Ob es uns trotzdem gelingt, die Realität dieser Jugendlichen halbwegs angemessen wahrzunehmen? Vielleicht kann die Wissenschaft vom Menschen ein wenig dazu beitragen, unsere gröbsten Vorurteile zu dekonstruieren. Im Folgenden wird das zumindest versucht.

Jugendliche brauchen Vorurteile

10–14: homogene Gruppe?

Vor der Begründung dieser reichlich provokanten These gilt es zunächst zu klären, ob es die Zehn- bis Vierzehnjährigen als homogene Altersgruppe denn überhaupt gibt. Ja, sagt die traditionelle Entwicklungspsychologie. Das bis heute einflussreichste Paradigma gründet auf der Annahme, dass sich Entwicklung in Schüben ereignet, die in deutlich voneinander abgrenzbaren Phasen verläuft. Dass es in der postmodernen Gesellschaft der Gegenwart weiter ausdifferenziert werden muss, davon soll noch die Rede sein. Hier geht es zunächst um klassische Basissätze einer Theorie.

Hypothese der Entwicklungs- psychologie

Das Fundament dieses Paradigmas steckt in der Hypothese, dass Entwicklung nach einem inneren Plan verlaufe, der biologisch vorgezeichnet sei und sich in der Auseinandersetzung mit der jeweiligen Umwelt entfalte. Sobald eine bestimmte Entwicklungsstufe erreicht werde, bleibe der jeweils aktuelle psycho-soziale Entwicklungsgrad für einige Jahre konstant, verändere sich nur quantitativ. Der qualitative Sprung zu einer neuen, reiferen Lebensphase erfolge erst, wenn die nächste Stufe der körperlichen Reifung vollzogen sei. Es gebe freilich Abweichungen von diesem Normalverlauf, sogar Rückschritte, aber im Allgemeinen lasse sich eine annähernd genaue, für alle Menschen gültige Abfolge der einzelnen Phasen benennen. Sie verlaufe „altersgemäß". Es gebe also Stufen der Entwicklung, die bestimmten Jahrgängen entsprächen. Allerdings, so wird eingeräumt, könne es individuelle oder gruppenspezifische Ausnahmen geben. Faktum sei jedoch, dass jeder und jede alle Stufen durchlaufen müsse.

Es war Charlotte Bühler, die als Erste diese schon seit langer Zeit als Erzieherwissen gehandelten Beobachtungen und Annahmen systematisierte, theoretisierte und zur Teildisziplin der Psychologie adelte (Bühler 1922). Der bekannteste, bis heute oft zitierte Versuch, Lebensalter in Entwicklungsschritte mit jeweils ganz bestimmter Charakteristik und ganz bestimmten Aufgaben einzuteilen, stammt vom Psychoanalytiker Erik H. Erikson. Er bezieht sich, im Unterschied zu Bühler, auf Freud und seine Lehre von der Entwicklung der Triebe. Im Unterschied zu Freud, demzufolge der Sexualität im Pubertätsalter besondere Bedeutung zukommt, weil sie zum Motor der Auseinandersetzung mit gesellschaftlichen Normen wird, wird in Eriksons Theorie die psychosoziale Ich-Entwicklung in den Mittelpunkt der Aufmerksamkeit gerückt. In jeder ihrer Entwicklungsstufen müsse der Mensch eine neue Einstellung zu sich selbst und zu seiner Umwelt finden. Jede dieser Stufen habe eine ganz besondere Thematik, die sich gegen Ende einer Phase krisenhaft zuspitze. Die Krise jedoch leite einen weiteren Entwicklungsschritt ein: „Ego growth through crisis resolution" (Erikson 1966, 107 und 211) heißt Eriksons Formel. Da sein Entwurf besonders großen Einfluss auf das Denken und Handeln von Menschen in pädagogischen Berufen hat, sei hier der für uns relevante Abschnitt aus Eriksons berühmter Tabelle zitiert:

Psychosoziale Ich-Entwicklung

Entwicklung in Stufen

Identität und Lebenszyklen: Adoleszenz

Phase der Entwicklung	Psychosoziale Krisen	Umkreis der Bezugspersonen	Elemente der Sozialordnung	Psychosoziale Modalitäten	Psychosexuelle Phase
Adoleszenz (Übergangsstadium von der Kindheit zum Erwachsensein)	Identität und Ablehnung gg. Identitätsdiffusion	„Eigene", Gruppen „die anderen". Führer-Vorbilder	Ideologische Perspektiven	Wer bin ich (wer bin ich nicht)? Das Ich in der Gemeinschaft	Pubertät

Erikson 1971, 214–215

Dietmar Larcher

Wenn man von Eriksons Theorie ausgeht, dann ist unsere Altersgruppe (die bei ihm allerdings erst mit 12 beginnt) in einer Phase der psychosozialen Entwicklung, in der Identitätsfindung zur großen Herausforderung wird. Die Eltern haben als Modelle für die eigene Identitätsbildung an Bedeutung verloren. Besonders wichtig werden nun die Gleichaltrigen. Die Selbstdefinition als einmaliges, unverwechselbares Individuum gelingt vielen Jugendlichen noch nicht so recht. Sie versuchen es zunächst mit dem Aufgehen in einer Gemeinschaft. Sie brauchen eine Bezugsgruppe und deren Normen, Werte und Ideale, denen sie sich anpassen, um Anteil an einer kollektiven Identität zu haben.

Identitätsfindung

Doch genauso wichtig für die Identitätsgewinnung wird die Abgrenzung von „den anderen". Die anderen, das sind ebenfalls Gleichaltrige, deren Andersheit auf Grund von ganz bestimmten von der jeweiligen Gruppe gewählten Kriterien des Dazugehörens und Ausgegrenztwerdens konstruiert wird. Die Kriterien des Ausgrenzens sind der Ort, wo Vorurteile wichtig werden, und zwar Vorurteile, die entweder vom Diskurs der Erwachsenengesellschaft übernommen („die Ausländer", „die Asozialen" etc.), von den Massenmedien kopiert oder selbst erfunden werden.

Abgrenzung

Vorurteile dienen auf jeder Altersstufe nicht nur als Instrument zur Ausgrenzung der anderen, sondern auch als symbolische Waffe zur Herstellung eines Gefühls der Überlegenheit. Wie leicht solche Vorurteile gerade in dieser Altersgruppe von außen manipulierbar, aber auch dekonstruierbar sind, hat der aus der Türkei stammende US-amerikanische Sozialpsychologe Muzafer Sherif in einem berühmten Experiment bereits in den Dreißigerjahren des vorigen Jahrhunderts nachgewiesen.[2] Er hat zwölfjährige Jugendliche in einem Ferienlager in Gruppen eingeteilt, und zwar konträr zu vorher existierenden Freundschaften, und hat mit diesen Gruppen eine Reihe von spielerischen Konkurrenzkämpfen veranstaltet, bei denen es darum ging, Punkte zu erobern. Der Gruppe mit den meisten Punkten wurde ein Preis versprochen. Die Punkte waren also das knappe Gut, um dessen Besitz gekämpft wurde. Sehr bald wurde diese Rivalität auch außerhalb der Spielzeit von den Beobachtern und Beobachterinnen registriert. Die einzelnen Gruppen entwickelten rasch eine Gruppenidentität, gaben sich Namen und grenzten sich von den anderen deutlich ab. Dabei spielten Vorurteile eine wichtige Rolle. Den jeweils anderen wurde unterstellt, sie würden Lügner und Falschspieler sein, Regeln notorisch missachten, schmutzige Tricks verwenden. Die eigene Gruppe dagegen sei über solche verwerflichen Täuschungsmanöver erhaben. Die Überlegenheit der eigenen Gruppe sollte mithilfe der Vorurteile symbolisch abgesichert werden. Die Konkurrenzkämpfe der rivalisierenden Gruppen wirkten wie ein Turbomotor bei der Produktion abwertender Vorurteile, welche die Illusion von der eigenen Dominanz untermauern sollten.

Überlegenheitsgefühl

Gruppenidentität und Abwertung

Sherif hat nach einigen Tagen den Versuch in die andere Richtung gedreht. Einige von ihm bzw. seinem Team künstlich produzierte Krisen zwangen alle Gruppen zur Kooperation, um das von allen geschätzte Ferienlager retten und weiterführen zu können. Durch die gemeinsame Anstrengung zur Lösung dieser Krisen wuchsen die zunächst rivalisierenden Einzelgruppen wieder zu einer funktionierenden Großgruppe zusammen.

Kooperation in der Krise

Der Sozialpsychologe Sherif hat also jenen Prozess der Identitätsfindung im Zeitraffer ablaufen lassen, der Erikson zufolge in den Jahren der Pubertät alle Jugendlichen über Jahre hinaus intensiv beschäftigt. Er konnte zwar nicht zeigen, was in der Tiefenstruktur der einzelnen beteiligten Individuen zur Ausbildung von Vorurteilen führte, wohl aber gelang es ihm, den engen Zusammenhang zwischen Konkurrenz, dem Streben nach Dominanz und dem Bedürfnis nach Geborgenheit in einer Gruppe deutlich zu machen. Kollektive Identität und Vorurteile zu deren Absicherung entstanden quasi als Nebenprodukte des Konkurrenzkampfs.

Nebenprodukte des Konkurrenzkampfs

Vorurteile in der Altersgruppe der Zehn- bis Vierzehnjährigen

Ein vorsichtiges Resümee aus den bisherigen Überlegungen könnte lauten, dass es sich bei den in diesem Alter entwickelten Vorurteilen um zwar sehr problematische, aber in einer Konkurrenzgesellschaft schwer zu vermeidende Hilfskonstruktionen auf dem Weg zur persönlichen Identität handelt.

Realitätssplitter

Beobachtung 1: Mit „denen da"

Mit 8 Jahren — Silvia, 8, auf die Frage, wie viele Kinder aus Afrika in ihrer Klasse seien, nach längerem Grübeln: „Keines." Dann ihre Gegenfrage: „Woher soll ich das wissen?"
Die Erwachsene: „Wie viele deiner Mitschüler und Mitschülerinnen sind schwarzer Hautfarbe?"
Wieder grübelt Silvia. Es will ihr nicht einfallen. Schließlich sagt sie: „Vielleicht drei. Oder vier?"

Mit 13 Jahren — Silvia, nunmehr 13, fragt ihrerseits die ständig in Sachen Interkulturalität engagierte Erwachsene: „Warum gibst du dich immer nur mit denen da ab?"
Gegenfrage: „Wen meinst du mit ‚denen da'?"
Silvia weiß nicht recht, wie sie „die da" benennen soll, sagt: „Na, die da, du weißt schon, die anderen halt."
Und sie beginnt, „Parkisch" (= so benennen jene Wiener Jugendlichen, die in Parks ihre Treffpunkte haben, ihre Kreolsprache, ein kreatives Gemisch aus Deutsch, Türkisch und slawischen Sprachen) zu parodieren: „Heast, Oide, wüüst Probleme?! Du host scho Probleme!!!"

Beobachtung 2: „Sie mögen mich nicht"

Mit 13 Jahren — Kawan, 13, ein dicklicher Bub, der sehr träge wirkt, besucht ein Wiener Gymnasium. Er mag die Österreicher nicht. Er will so bald wie möglich weg von hier, am liebsten in die USA. Wir fragen ihn warum. Er sagt, hier seien „sie" gegen ihn, die österreichischen Mitschüler und Mitschülerinnen würden ihn nicht mögen, weil er eine dunklere Haut und schwarze Haare habe. Er merke das täglich in der Klasse.

Mit 18 Jahren — Kawan, 18, ist heute ein fescher junger Mann, sportlich, ambitioniert. Er will in Österreich studieren. Er ist Schulsprecher und Chef der Schülerzeitung an seiner Anstalt. Er unterscheidet jetzt nicht mehr zwischen „echten" und zugewanderten Österreichern und Österreicherinnen. Er gehört dazu.

Beobachtung 3: „Du gehörst nicht zu uns!"

Mit 11 Jahren — Tamuna, 11, ist in ihrer Schulklasse isoliert. Niemand will neben ihr sitzen, niemand will mit ihr in der Pause reden, niemand will ihre kleinen Geschenke, die sie anbietet, annehmen. Der Lehrer bemerkt das. Er ist gruppenpädagogisch gut ausgebildet und weiß, dass er dieses Problem ansprechen muss. Nun hagelt es Vorwürfe gegen Tamuna. Deren schlimmster: Man sehe es ihr von Weitem an, dass sie nicht zu uns gehöre. Der Lehrer versucht, Tamuna eine Stimme zu geben, und macht Übungen für alle, die Em-

Jahre später — pathie fördern sollten. Es gelingt ihm aber erst nach Jahren, Tamuna dabei zu helfen, ein geschätztes Mitglied der Klassengemeinschaft zu werden. Vielleicht hätte es ihn gar nicht unbedingt dazu gebraucht, meint er heute selbstkritisch.

Beobachtung 4: Heavy Metal

Mit 15 Jahren — Joe, wie ihn seine Freunde nennen, ist heute 15. Er besucht ein Gymnasium in Wien, ist Vorzugsschüler. Vorurteile gegen „Fremde" hat er nicht. Seine Eltern sind aktiv im Engagement für Asylwerber. Er ist es gewohnt, dass Leute aus Nepal, der Elfenbein-

Seit er 12 ist — küste oder von sonst woher in die Wohnung kommen. Seit seinem 12. Lebensjahr ist er fanatischer Heavy-Metal-Fan. Er rümpft die Nase, sobald er irgend eine andere Musikrichtung hört. Er macht weite Reisen, um die großen Konzerte der berühmten

Bands zu hören. Er trägt T-Shirts mit typischen Emblemen der Heavy-Metal-Szene. Für die klassische Musik seiner Eltern, für das Cellospiel seines Vaters hat er überhaupt kein Interesse. Er leidet unter den Vorurteilen anderer gegenüber „seiner" Musik. Bei jedem Konzert einer Heavy-Metal-Band genießt er am meisten dieses Gefühl des Aufgehens in der Masse.

Was ist mit diesen Beobachtungen bewiesen? Gar nichts. Wohl aber begründen sie einen Verdacht. Dass nämlich die klassische Entwicklungspsychologie mit ihrem Phasenmodell der menschlichen Entwicklung trotz der seltsam anmutenden Grundannahme vom inhärenten Biologismus immer noch nicht ganz falsch liegen dürfte, wenn sie behauptet, die Altersgruppe der Zehn- bis Vierzehnjährigen befinde sich in einer ganz speziellen Lebensphase, in der die Zugehörigkeit zu einer Gruppe und die Ausgrenzung anderer Gruppen Priorität habe. Sie sei gleichsam eine unvermeidliche Durchgangsphase zu einer differenzierteren Identitätsbildung, in der es nicht mehr um Dominanz und Ausgrenzung anderer mit Hilfe von Vorurteilen gehe. Man könnte die auf Vorurteilen beruhende Zwischenstufe zu einer subtileren Ausformung von Ich-Identität als „Interimsidentität" bezeichnen.

Der Weg zu einer differenzierteren Identität

„Interimsidentität"

Vorurteile in der Risikogesellschaft

Allerdings hat sich unsere Gesellschaft in den letzten Jahrzehnten dermaßen dramatisch verändert, dass diese entwicklungspsychologische Stufenlehre nur mehr mit Einschränkungen brauchbar ist. Es gibt in den Zeiten der Postmoderne keine Normalbiographien mehr.[3] Zu sehr ist die politische und soziale Ordnung der Moderne durcheinandergeraten, als dass es noch die gesellschaftlichen Strukturen gäbe, wie sie die ältere Generation als selbstverständlich kannte. In der gegenwärtigen Gesellschaft ist die Individualisierung der einzelnen Gesellschaftsmitglieder weit fortgeschritten. Ihr entspricht eine Pluralisierung der Lebensstile und eine Heterogenisierung der Gesellschaft bzw. ein Verlust des sozialen Zusammenhaltes. Die Menschen sind zu einem hohen Maß an Flexibilität der Lebensgestaltung gezwungen.[4] Die noch vor einer Generation gültigen sozialen Normen, moralischen Bindungen und gesellschaftlichen Standards lösen sich auf, Ehen, Freundschaften, religiöse Bindungen und Arbeitsverhältnisse sind kaum mehr stabil, alle Einrichtungen, die früher die Gesellschaft stabilisierten und den Einzelnen Halt in der Gesellschaft gaben, werden kurzlebiger. Ulrich Beck, der für diese neue Gesellschaft den Begriff „Risikogesellschaft" geprägt hat, spricht vom Zwang der Individuen zu einer „Bastelbiographie": Sie können sich nicht mehr auf stabile Institutionen und Organisationen verlassen, die den Lebenslauf strukturierten, Patchwork-Beziehungen helfen ihnen, im unübersichtlichen Dschungel dieser Risikogesellschaft emotionale Stabilität zu erzeugen.[5] In Umständen, da die Gesellschaft tendenziell alle Grenzen auflöst, entsteht Angst und es werden ausgrenzende und abwertende Vorurteile benützt, um solche Grenzen wieder einzuziehen.

Keine Normalbiographien mehr

Zwang zu Flexibilität

Angst entsteht

Wichtig in diesem Zusammenhang ist auch die zunehmende Mediatisierung von Beziehungen. Kommunikation erfolgt vor allem online, wie neueste Studien belegen: „Bei der Art der Nutzung stehen die Profile der Freunde im Mittelpunkt. Knapp drei Viertel der Befragten geben an, oft die Profile von FreundInnen zu besuchen und sich Bilder von ihnen anzusehen. Kommunikation steht an zweiter Stelle. Chatten – hier vor allem die jüngeren und weiblichen Jugendlichen – und Kommentare abgeben werden zu zwei Drittel beziehungsweise von der Hälfte der Befragten genannt." (Institut für Jugendkulturforschung 2009, 7) Diese Online-Kommunikation produziert das Paradoxon einer distanzierten Nähe. Der Verdacht drängt sich auf, dass Marshall McLuhans berühmter Titel „The medium is the message" (McLuhan/Fiore 2008) noch

Mediatisierung von Beziehungen

Inhalte sekundär nie so zutreffend war wie heute. Das Medium hat keine inhaltliche Botschaft. Aber es zwingt dem Nutzer, der Nutzerin eine Form der Botschaft auf, die den Inhalt sekundär macht. Seine eigene Struktur ist diese Botschaft. Und diese Struktur ist in ihrer Syntax der Struktur von Vorurteilen sehr ähnlich. Noch umfassender gedacht: Die Sprache der Postmoderne ist das Medium, das es zu untersuchen gälte. Denn Heideggers Dictum „Die Sprache spricht, nicht der Mensch" (Heidegger 1957, 161) gilt vor allem für eine Gesellschaft, deren öffentlicher Sprachgebrauch, von Massenmedien bis zu Social Networks à la Facebook, von kommunikativem Minimalismus ohne Argumentation bis hin zur Favorisierung dichotomer Weltwahrnehmung geprägt ist. Die Sprache der Vorurteile ist hinreichend untersucht. Eine Untersuchung, inwiefern der aktuelle Sprachgebrauch bzw. dessen innere Struktur die Bildung von Vorurteilen begünstigt, wäre noch zu leisten.

Vorurteile bei Jugendlichen mit migrantischem Hintergrund

Eine andere Genese und Funktion haben Vorurteile bei Jugendlichen mit migrantischem Hintergrund. Bei ihnen sind stabile Familienstrukturen zumindest als Wunschbilder, wenn auch längst nicht immer in der Realität, sehr präsent. Dort, wo sie tatsächlich bestehen, werden diese Strukturen wegen der marginalisierten Position von Migranten in der Gesellschaft oft sogar noch verfestigt, um das Überleben in der Aufnahmegesellschaft zu sichern, die ihnen weitgehend die Anerkennung verweigert. Sie sind die bevorzugte Zielscheibe der ausgrenzenden Vorurteile. Darauf reagieren sie häufig mit Abwertung der Mehrheitskultur. Doch die Situation ist zweischneidig. Oft wird das, was abgelehnt wird, insgeheim und unbewusst bewundert, zugleich wird der Druck der eigenen Familientradition als Belastung erlebt. Jugendliche aus solchen Familien haben dann das Gefühl, sie seien in einem Käfig gefangen. Das spüren insbesondere Mädchen, die sich dem Lebensstil ihrer gleichaltrigen Mitschülerinnen aus der Mehrheitsbevölkerung annähern wollen. Um sich gefährliche Konflikte mit der Familie zu ersparen, brauchen Jugendliche mit migrantischem Hintergrund die abwertenden Vorurteile gegenüber dem Lebensstil dieser Mehrheit, die sie sich vom Leibe halten müssen, obwohl sie in ihrem Innersten das vielleicht gar nicht wollen. Die Verweigerung der Anerkennung, weil ihre Anpassung nach der vorurteilsbeladenen Meinung dieser Mehrheit zu enge Grenzen hat, wird beantwortet mit einem Wall von Vorurteilen gegenüber den Ausgrenzern.[6] Damit versuchen sie letztlich jene innere Würde zu bewahren, die ihnen abgesprochen wird.

Tradition als Belastung

Gespiegelte Zurückweisung

Vorurteile als Schiefheilungen – Eine psychoanalytisch inspirierte Interpretation

Pseudolösung innerpsychischer Konflikte

Vorurteile der Zehn- bis Vierzehnjährigen sind Schiefheilungen im psychoanalytischen Sinn. Unter Schiefheilung versteht Freud die Pseudolösung innerpsychischer Konflikte.[7] Wendet man den Begriff sinngemäß auf unsere Frage nach der Vorurteilsneigung der Zehn- bis Vierzehnjährigen an, ist Schiefheilung das Ausagieren eines inneren Konflikts. Bei westlich sozialisierten Jugendlichen ist es der Angst erzeugende Konflikt zwischen der schmerzhaften Trennung von der engen Bindung an die Familie bzw. die eigene Primärgruppe und dem Wunsch nach Autonomie und Selbstständigkeit, der zur bereits angesprochenen Identitätsproblematik führt. Bei Jugendlichen mit Migrationshintergrund ist es die verletzende Erfahrung, dass ihnen die Anerkennung versagt bleibt. Die Hinwendung der einen zur Gruppe der Gleichaltrigen, die nun statt der Eltern als *relevant others* wahrgenommen werden, ist ein Schritt auf der Suche nach Angstabwehr und Selbstständigkeit. Die Vorurteilsbereitschaft der Migranten hat eher die Funktion, sich gegenseitig darin zu

Suche nach Angstabwehr und Selbstständigkeit

bestärken, dass die in der migrantischen Subkultur vermittelte Identität wertvoller sei als alles, was die Aufnahmegesellschaft zu bieten habe, um auf diese Weise die narzisstische Kränkung zu bearbeiten und die schmerzhafte Wunde der verweigerten Anerkennung zu heilen.

Die Identitätsbildung Gleichaltriger folgt jenen archaischen Mustern, die Sherif in seinem Experiment künstlich hervorgerufen hat: Sie geschieht durch Abgrenzung und Erfindung einer eigenen Identität. Zu diesem Zweck braucht die Gruppe Vorurteile, mit deren Hilfe sie andere ausgrenzen, sich selbst illusionäre Dominanz sichern und ihren Mitgliedern Identifikation ermöglichen kann. Für das einzelne Gruppenmitglied gilt: Statt den inneren Konflikt zu bearbeiten, erfolgt die Identifikation mit der Gruppe und ihrem vorurteilsbeladenen Identitätsmythos als symbiotisch halluzinierte Einheit von Ich und Kollektiv. Eben dies ist die Schiefheilung. Vermeidbar ist sie wohl kaum. Wohl aber ist es eine pädagogische Pflicht, Jugendlichen bei ihrer Suche nach Ich-Identität beizustehen, um aus diesem Stadium der Vorurteilsdogmatik herauszufinden.

Geist versus Sinnlichkeit

„Du sollst dir kein Bildnis machen", diese strenge Forderung der jüdischen Religion bedeutet Freud zufolge, „eine Zurücksetzung der sinnlichen Wahrnehmung gegen eine abstrakt zu nennende Vorstellung, einen Triumph der Geistigkeit über die Sinnlichkeit, strenggenommen einen Triebverzicht mit seinen psychologisch notwendigen Folgen. [...] Es war gewiß eine der wichtigsten Etappen auf dem Wege der Menschwerdung." (Freud 1974, 559f.)

Resümee: Eine Theorie in Pillenform

- → Vorurteile sind im Alter zwischen zehn und vierzehn besonders häufig.
- → Sie definieren vor allem Gruppenidentitäten.
- → Sie sind die Folge einer verstärkten Hinwendung zur Gruppe Gleichaltriger.
- → Die Gleichaltrigen versorgen einander mit Identitätsmythen, die aus Vorurteilen gewoben sind.
- → Diese Mythen sind je nach Gruppe unterschiedlich, folgen aber demselben Grundmuster: Wir sind die Guten, die Starken, die Überlegenen. Die anderen sind schlecht, schwach, unterlegen.
- → Bevorzugte Opfer dieser Vorurteile sind benachteiligte Schichten der Gesellschaft, derzeit vor allem Migranten.
- → Vorurteile sind die Waffen, um der Gruppe illusionäre Dominanz zu sichern.
- → Zugleich ermöglichen sie jedem einzelnen Mitglied die Teilhabe an einer kollektiven Identität.
- → Die Neuen Medien sind das bevorzugte Kommunikationsmittel. Ihre Struktur verleitet zu Kommunikationsformen, die vorurteilsanfällig sind.
- → Die Vorurteilsbereitschaft der Zehn- bis Vierzehnjährigen muss gesehen werden als Zwischenschritt auf der Suche der Jugendlichen nach Ich-Identität.
- → Vorurteile lassen sich nicht verbieten und auch kaum durch rationale Dekonstruktion aus der Welt schaffen.
- → Wohl aber kann durch entdeckendes Lernen eine Möglichkeit eröffnet werden, sich selbst ein Stück weit aus dem gefährlichen Dschungel zu befreien und den Umgang mit Angst und Unsicherheit ohne den Rückgriff auf Vorurteile zu wagen.

„Es ist bemerkenswert, dass wir gerade vom Menschen, den wir lieben, am mindesten aussagen können, wie er ist [...] Die Liebe befreit aus jeglichem Bildnis. Man macht sich ein Bildnis. Das ist das Lieblose, der Verrat."
(Max Frisch)

LITERATUR

Beck, Ulrich: Risikogesellschaft. Auf dem Weg in eine andere Moderne. Frankfurt a. M. 1986

Beck, Ulrich: Interview „Merkel greift in die Kostümkiste", in: Süddeutsche Zeitung vom 12.02.2010

Bühler, Charlotte: Das Seelenleben des Jugendlichen. Versuch einer Analyse und Theorie der psychischen Pubertät. Jena: G. Fischer 1922

Erikson, Erik H.: Einsicht und Verantwortung. Die Rolle des Ethischen in der Psychoanalyse. Stuttgart: Klett 1966

Erikson, Erik H.: Identität und Lebenszyklus. Frankfurt a. M.: Suhrkamp 1971

Freud, Sigmund: Der Mann Moses und die monotheistische Religion, Studienausgabe Band 9. Frankfurt 1974

Heidegger, Martin: Der Satz vom Grund. Stuttgart 1957

Institut für Jugendkulturforschung: Safer Internet – Chancen und Gefahren von Social Communities: Wissenschaftlicher Kurzbericht zum qualitativen Studienmodul (Feldzeit 2009), http://www.jugendkultur.at/Bericht_Safer%20Internet_qualitativ_Online_Version.pdf (09.06.2011)

McLuhan, Marshall/Fiore, Quentin: The Medium is the Message. Original 1967, Taschenbuchausgabe Harmondsworth 2008

Möller, Renate/Heitmeyer, Wilhelm: Anerkennungsdefizite und Vorurteile. Ergebnisse einer Langzeituntersuchung mit Jugendlichen unterschiedlicher ethnischer Herkunft, in: Zeitschrift für Erziehungswissenschaft, Bd. 7, Nummer 4 (2004), 497–517

Sennett, Richard: Der flexible Mensch. Die Kultur des neuen Kapitalismus. Berlin 1998

Sennett, Richard: Die Kultur des neuen Kapitalismus. Berlin 2005

Sherif, Muzafer/Sherif, Carolyn W.: Groups in harmony and tension. New York 1953

Sherif Muzafer/Harvey, O. J./White, B. Jack/Hood, William R./Sherif, Carolyn W.: Intergroup Conflict and Cooperation: The Robbers Cave Experiment. Oklahoma 1961

---

1 Zitatsammlungen dazu z.B. unter http://www.grundschulmarkt.de/Jugend_heute.htm oder http://mathwww.uni-paderborn.de/~nuesken/zitate.html (07.04.2011)
2 Davon berichtet er in mehreren seiner Publikationen, z.B. in Sherif/Sherif 1953 und Sherif et al.1954/1961.
3 Vor allem Ulrich Beck hat in seinem Oeuvre aufgezeigt, wie Vielfalt, Unübersichtlichkeit und Unsicherheit von Arbeits-, Biographie- und Lebensformen die individuellen Lebensläufe verändert haben. Vgl. Beck 1986. Beck: „Die Unberechenbarkeit der eigenen Biographie nimmt ein Ausmaß an, das niemand vorhersah. Das Überraschende ist, dass sich die junge Generation schneller an die Unsicherheit gewöhnt, als wir Soziologen es für möglich hielten." (Interview, Beck 2010)
4 Vgl. dazu die Theorien Richard Sennetts. Er geht in seinem kapitalismuskritischen Hauptwerk „Der flexible Mensch" von dem Axiom aus, dass Menschen stabile soziale Kontakte brauchen, um ihre Fähigkeiten zu entfalten und glücklich und zufrieden leben zu können. Doch unter den Bedingungen des Turbokapitalismus werden die Möglichkeiten zum Aufbau sozialer Kontakte stark eingeschränkt. Die Menschen sollen für den neuen Arbeitsmarkt qualifiziert werden. Die wichtigste Fähigkeit, die sie brauchen, damit sie als „Humankapital" verwertet werden können, ist „Flexibilität". Flexibilität muss in den Individuen erzeugt werden. Sie müssen lernen, sich dorthin zu begeben, wo die Arbeit ist. Lang währende Freundschaften und Beziehungen, ein erfülltes Familienleben, die Mitarbeit in der Gemeinde oder bei Vereinen sind Hindernisse für den Erfolg in der Arbeitswelt. Das Resultat ist, wie Sennett durch Fallstudien belegt, Vereinsamung und soziale Isolation. (Sennett 1998 und 2005)
5 „Traditionale und institutionelle Formen der Angst- und Unsicherheitsbewältigung in Familie, Ehe, Geschlechtsrollen, Klassenbewußtsein und darauf bezogene politische Parteien und Institutionen verlieren an Bedeutung. Im gleichen Maße wird deren Bewältigung den Subjekten abverlangt. Aus diesen wachsenden Zwängen zur Selbstverarbeitung von Unsicherheit dürften über kurz oder lang auch neue Anforderungen an die gesellschaftlichen Institutionen in Ausbildung, Therapie und Politik entstehen [...].In der Risikogesellschaft werden derart der Umgang mit Angst und Unsicherheit biographisch und politisch zu einer zivilisatorischen Schlüsselqualifikation und die Ausbildung der damit angesprochenen Fähigkeiten zu einem wesentlichen Auftrag der pädagogischen Institutionen." (Beck 1986, 101)
6 Der Soziologe Heitmeyer hat über die gefährlichen Folgen mangelnder Anerkennung viel geforscht. Im folgenden Aufsatz wird betont, dass fehlende Anerkennung die Vorurteilsbildung zwischen ethnischen Gruppen fördert. (Möller/Heitmeyer 2004)
7 Vgl. dazu jene Schriften Freuds, in denen er diesen Begriff entwickelt, und zwar „Massenpsychologie und Ich-Analyse" [1921] sowie „Die Zukunft einer Illusion" [1927]. Beide Texte wurden zusammen abgedruckt bei Freud 1993.

Siegfried Frech und Elfriede Windischbauer

Didaktische Leitprinzipien vorurteilssensiblen Unterrichtens

Im pädagogischen Kontext gibt es im Hinblick auf vorurteilssensibles Unterrichten unterschiedliche Programmatiken, Konzepte und fachliche Diskurse, die sich in ihren Intentionen zum Teil überschneiden, aber nur unzureichend aufeinander bezogen sind (Hormel/Scherr 2004, 32). Ohne Anspruch auf Vollständigkeit sind als zentrale Konzepte zu nennen: Demokratie-Bildung, Menschenrechtspädagogik, interkulturelle und multikulturelle Pädagogik, antirassistische Erziehung sowie pädagogische Konzepte, die auf Heterogenität und Diversität fokussieren.[1] Ein einvernehmlicher Fachdiskurs wird letztlich dadurch erschwert, dass „innerhalb der jeweiligen Programmatiken und Konzepte die Begriffsverwendung keineswegs einheitlich ist" (ebd., 33). Ähnlich unübersichtlich gestaltet sich im Übrigen auch die Praxis: Traditionelle Konzepte, die sich im bloßen „Unterrichten gegen" erschöpfen, konkurrieren mit Trainings und Mediationsmodellen, die nur bedingt im schulischen Rahmen umzusetzen sind (vgl. Brinkmann/Frech/Posselt 2011; Meyer/Dovermann/Frech/Gugel 2004). Zudem steht die Menge der Theorieangebote in einem deutlichen Missverhältnis zur Anzahl veröffentlichter Praxiskonzepte, die eine handlungsleitende Hilfestellung für die Bildungspraxis darstellen könnten. Pädagogische Konzepte, die vorurteilssensibles Arbeiten in der Schule mit Erfolg anregen, findet man weitaus seltener (vgl. Ustinov Institut 2009).

Unübersichtliche Theorie

Unübersichtliche Praxis

Grundlagen vorurteilssensiblen Unterrichtens

Internationale Vergleichsstudien belegen, dass Schulen von Schüler-, Lehrer- und Elternschaft besonders dann positiv bewertet – und leistungsstark eingeschätzt – werden, wenn es ihnen gelingt, „auf der Basis der Anerkennung und Wertschätzung von Differenz und Vielfalt eine lebendige Lernkultur zu entwickeln" (Holzbrecher 2009, 268). Dies weist in die Richtung einer Idee von Schule, in der die Schülerinnen und Schüler mit ihrer Diversität, ihren je unterschiedlichen Schwächen, Stärken und Potenzialen „wertgeschätzt werden und in diesem Lernraum Erfahrungen von Selbstwirksamkeit machen können" (ebd., 268). Schulen, die sich diesem Ethos verpflichtet fühlen, orientieren sich an den nachfolgend genannten didaktischen Leitprinzipien.

Wertschätzung wichtig

Didaktische Leitprinzipien einer vorurteilssensiblen Schule

→ Sie muss grundlegende demokratische Kompetenzen und Werte vermitteln. Dies weist auf die Notwendigkeit von **Demokratie-Lernen** und **Werteerziehung** hin.

→ Sie muss dem Motto *„all equal – all different"* gerecht werden, die Denkfigur der **Differenz** achten und die Reflexion **kultureller Aspekte von Identitäten** realisieren.

→ Sie muss **soziale und interkulturelle Kompetenzen** (z.B. Empathie, Toleranz, Konfliktfähigkeit) einüben und Wert auf soziale Lernprozesse legen.

Didaktische Leitprinzipien vorurteilssensiblen Unterrichtens

Leitprinzip A: Werteerziehung

Brauchen wir Werte?

Stabilisierungsfaktor Werte

„Ach, die Werte!" – so lautet der Titel einer kleinen Streitschrift von Hartmut von Hentig (1999). Doch wie ist dieser mehrdeutige Ausruf zu verstehen? Ist damit die selbstgefällige Abwehr von etwas Antiquiertem, gar eine mit der gelangweilten Geste des Abwinkens verbundene Haltung gemeint? Oder kennzeichnet der Ausruf eher das Seufzen derjenigen, von denen ein Mehr an pädagogischen Anforderungen im Hinblick auf Werteerziehung erwartet wird? Werte – so der Grundtenor vieler Redebeiträge, unzähliger Zeitungsartikel und Kommentare – sollen unsere „Verhältnisse" stabilisieren und das ins Gleichgewicht bringen, was in der Gesellschaft als ungeordnet erscheint. Offenbar geht die letztgenannte Forderung davon aus, dass es im Blick auf gemeinsame Werte in unserer Gesellschaft Defizite gibt.

Werte, Wertewandel und Grundwerte

Normative Grundelemente von Kulturen

Was sind eigentlich Werte? Werte sind Vorstellungen von gesellschaftlich Wünschenswertem und damit normative Grundelemente von Kulturen, die im Plural zu denken sind (Greiffenhagen/Greiffenhagen 2000, 19). Aufgrund ihrer kollektiven Verbindlichkeit bieten sie eine Orientierung für individuelles Handeln. Durch ihre Verinnerlichung werden Werte zu Werteorientierungen und handlungsleitenden Normen, die individuell durchaus verschieden ausgeprägt sein können (vgl. Klages 2002).

Kein verbindlicher Konsens (mehr)

Zweifelsohne muss man konstatieren, dass sich im Zuge des Wertewandels, der spätestens seit Mitte der 1970er-Jahre ins Zentrum des akademischen Interesses gerückt ist, Prozesse und Veränderungen vollzogen haben, die als Pluralisierung und Individualisierung, als Entstrukturierung der Lebensverhältnisse bei gleichzeitiger Zunahme unterschiedlicher Lebensstile bezeichnet werden (ebd.). Damit haben sich Werte, Normen und deren Anspruch auf Gültigkeit verändert. In pluralistischen Gesellschaften kann über bestimmte Grundfragen der Lebensführung und -gestaltung kein verbindlicher Konsens (mehr) erzielt werden. Vielmehr liegen den unterschiedlichen Lebensstilen und Milieus häufig Werte zu Grunde, die miteinander konkurrieren. Dieser Tatbestand verdeutlicht, dass schulische und außerschulische Bildung Kinder und Jugendliche dazu befähigen muss, (Werte-)Pluralität zu ertragen.

Wert des Pluralismus

Wenn auch ein demokratisches Gemeinwesen keinen für alle verbindlichen Wertehorizont vorschreiben kann, sind demokratisch verfasste Systeme dennoch auf bestimmte förderliche Werthaltungen angewiesen. Sie brauchen die Orientierung der Bürgerinnen und Bürger an denjenigen Grundwerten, auf denen unsere Demokratie fußt (vgl. Breit 2000). Gleichzeitig hat der Staat zu garantieren, dass es einen friedlichen Wettbewerb unterschiedlicher Wertvorstellungen in unserer Gesellschaft geben kann. Freiheitlich verfasste Staaten müssen sich bewusst sein, dass sie ein erhebliches Maß an Wertekonflikten auszuhalten haben (vgl. Sutor 1997, 81ff.). Somit ist der demokratisch verfasste Staat an sich schon werthaltig.

Werteerziehung in der Schule

Vermittlung

Obwohl der Staat keine Werte zu produzieren vermag, muss er sicherstellen, dass „Werteagenturen" in unserer Gesellschaft tätig sein, Werte vermitteln und vor allem erfahrbar machen können. Eine demokratische politische Kultur entwickelt sich nicht ohne Weiteres von selbst (vgl. Goll 2010). Demokratiebildung wird wesentlich „durch Werterziehung ergänzt und fundiert" (Gugel, 2010, 368).

Siegfried Frech und Elfriede Windischbauer

> **Schlüsselqualifikationen schulischer Werteerziehung**
>
> nach Hartmut von Hentig
>
> → die Fähigkeit zur Politik, zum Mitdenken und Mitentscheiden in der *res publica*;
>
> → die Fähigkeit zur Wahrnehmung und Achtung anderer Denk- und Lebensformen unter Wahrung der eigenen;
>
> → die Fähigkeit, Abstand zu nehmen oder Widerstand zu leisten, wenn in der eigenen Umgebung die tragenden gemeinsamen Werte verletzt werden; [...]
>
> → die Fähigkeit zum Aushalten von Ambivalenz;
>
> → die Fähigkeit, für sich selbst – für die eigene Existenz und für das eigene Glück – einzustehen.
>
> Aus: von Hentig 1999, 97f.

Über Fächergrenzen hinaus

Werteerziehung kann nicht an ein einzelnes Unterrichtsfach delegiert werden. Nimmt man die Forderung nach Wertevermittlung ernst und verlässt man den engen Horizont der Fächergrenzen, so geht es im Prinzip um eine bekannte Sache: Junge Menschen müssen die Tauglichkeit der Werte, die wir ihnen ansinnen, auf mehreren Handlungsebene erfahren.

Handlungsebenen schulischer Werteerziehung

Der Beitrag der Schule zur Werteerziehung findet Hermann Giesecke (2005) zufolge auf drei Handlungsebenen statt:

1. Reflexion von Werten im Unterricht

Viele Unterrichtsinhalte berühren Werte und Normen, mithin Fragen des guten und richtigen Lebens. Werteerziehung in der Schule meint zunächst, die werthaltigen Aspekte der Inhalte wieder stärker ins Zentrum des Unterrichts zu rücken. Gemeint ist nicht eine „Moralisierung" von Unterrichtsinhalten, vielmehr geht es um eine „sachbezogene Konfrontation [...] mit solchen Werten und Normen, die im sachorientierten Unterricht – etwa in einem literarischen Text – zum Vorschein kommen" (ebd., 135). Die Schülerinnen und Schüler werden durch Unterrichtsinhalte mit Werten konfrontiert, mit denen sie sich reflexiv auseinandersetzen können. Die Schule „lehrt" also keine Werte, sondern sie übt deren Reflexion. Das Ergebnis ist prinzipiell offen: Ein solcherart verstandener Unterricht „kann zur Wertebildung beitragen, diese aber durch kein denkbares Arrangement präjudizieren" (ebd., 136).

Sachbezogene Konfrontation mit Werten und Normen

2. Werteerziehung schulischer Normen

Unterrichten ist ohne grundlegende Dispositionen (z.B. eine gewisse Grunddisziplin; höflicher und fairer Umgang miteinander; argumentative Wege der Auseinandersetzung; eine prinzipielle Mitwirkungs- und Leistungsbereitschaft) nicht möglich. Schule benötigt demzufolge kollektiv verbindliche Normen, die Schülerinnen und Schülern – und im Übrigen auch Lehrerinnen und Lehrern – vorgegeben werden. Diese vorgegebenen Werte sind zugleich „ein Reservoir für die jeweils individuelle Wertbildung" (ebd., 138). Der Aufbau einer inneren Wertstruktur vollzieht sich über eine Auseinandersetzung mit eben diesen Normen, welche die eigenen Bestrebungen begrenzen und zu Konflikten führen können, die gelöst oder wenigstens in ein sozial verträgliches Gleichgewicht gebracht werden müssen. Dies ist mithin ein Plädoyer, Schülerinnen und Schülern jene drei „R" zukommen zu lassen, die für soziale Lernprozesse notwendig erscheinen: eindeutige Regeln und glaubwürdige Rituale sowie belastbare Referees (Schiedsrichter), die für deren Begründung und Einhaltung Verantwortung übernehmen (Frech 2011).

Regeln, Rituale und Referees (Schiedsrichter)

Didaktische Leitprinzipien vorurteilssensiblen Unterrichtens

3. Schulkultur als Wertegemeinschaft

Die Schule muss demokratische Grundtugenden im Schulleben und in der Schulkultur erfahrbar machen. Es geht dabei insbesondere um die gemeinsame Gestaltung des sozialen Miteinanders. Die Einstellungen, aus denen sich unsere Demokratie speist, können Kinder und Jugendliche im schulischen Leben lernen und praktizieren: die Achtung vor der Überzeugung anderer, die Bereitschaft, sich in den Beschluss der Mehrheit zu fügen, die Pflicht, seine eigene Meinung vorzubringen und für sie einzutreten. Schule muss Räume eröffnen, in denen Formen der formellen und informellen Partizipation (z. B. Klassenrat, Schülermitverantwortung, Schulkonferenzen, Schülerzeitungen) möglich sind. Wenn auch die Partizipationsmöglichkeiten in der Schule begrenzt sind, ist die Erfahrung von Mitbestimmung eine Grundbedingung für die Internalisierung demokratischer Werte (vgl. Frech 2005).

Klassenrat, Schülermitverantwortung, Schulkonferenzen, Schülerzeitungen

Reflexive Werteerziehung steht in deutlichem Kontrast zu der Vorstellung, moralisch-ethisches „Rüstzeug" könne durch Appelle bereitgestellt werden. Gerade hier kommt die Person der Erziehenden und Lehrenden ins Spiel. Ihre Modellwirkung und Glaubwürdigkeit ist vielleicht das stärkste Mittel, wenn wir auf die Kraft der Erziehung und Bildung bauen. Damit werden aber auch die Grenzen deutlich. Es kann in der Schule keine „mechanische" Tradierung oder Indoktrinierung durch abzuarbeitende Wertekataloge geben. Wertereflexion folgt einer eigenen Dynamik.

Leitprinzip B: Demokratiebildung

Demokratie als Herrschaftsform und Demokratieakzeptanz

Aspekte von Demokratie

Demokratie ist einerseits eine Herrschaftsform, welche auf Grundprinzipien wie Gewährleistung der Menschen- und Bürgerrechte, Legitimation der staatlichen Herrschaft durch Wahlen, Gewaltenteilung usw. beruht. Gleichzeitig ist Demokratie eine Gesellschaftsform, die durch Parteienpluralismus, die Existenz von Interessenverbänden und unabhängigen Medien u.a. gekennzeichnet ist. Darüber hinaus ist Demokratie auch eine Lebensform, die von Autonomie, Selbstständigkeit, Gleichberechtigung, Respekt, Toleranz, Verantwortung usw. gekennzeichnet ist.[2]

Befürwortung der Demokratie

Sowohl die Shell-Jugendstudie (2010) als auch die IEA-Studie zum politischen Wissen (Oser/Biedermann 2003) belegen, dass die überwiegende Mehrheit der deutschen und Schweizer Jugendlichen Demokratie als Staatsform befürwortet, dass sie aber aufgrund eines geringen Vertrauens in die Praxis der konventionellen Politik und der geringen Beteiligungsmöglichkeiten am traditionellen Regierungs- und Parteiensystem unterdurchschnittlich politisch interessiert und engagiert ist. Allerdings tritt sie sehr wohl außerhalb der traditionellen politischen Strukturen und Organisationen aktiv für eigene Interessen ein (vgl. Eikel 2007, 58ff.). Ähnliche Befunde liegen für österreichische Jugendliche zwischen 14 und 24 Jahren vor: 69 % sind mit der österreichischen Demokratie zufrieden, allerdings beklagen auch über 60 % das mangelnde Interesse von Politikern und Politikerinnen an den Meinungen Jugendlicher.

Durch Partizipation Demokratie erfahren

Jugendliche ernst nehmen

Damit Jugendliche sich dauerhaft demokratischen Werten und Strukturen verbunden fühlen, ist es einerseits notwendig, dass diejenigen Personen und Institutionen, welche in den demokratischen Strukturen gestaltende Positionen innehaben, die Jugendlichen mit ihren Bedürfnissen (u.a. nach Mitsprache) ernst nehmen und respektieren und sie nicht mit pseudodemokratischen Appellen und Ritualen abspeisen. Andererseits bedarf es aber auch einer Demokratiebildung, welche sich nicht im theoretischen Lernen über Demokratie erschöpft, denn „erst wenn Kinder Demokratie originär er-

Siegfried Frech und Elfriede Windischbauer

leben, wird sie ihnen auch wertvoll" (van der Gathen 2002, 33). Dies bedeutet, dass die Schüler und Schülerinnen Gelegenheiten erhalten müssen, um demokratische Grundregeln konkret auszuprobieren, z.B. indem sie an Abstimmungen teilnehmen. Allerdings muss den Pädagogen und Pädagoginnen bewusst sein, dass Entscheidungen im schulischen Kontext nicht gleichzusetzen sind mit staatlichen politischen Entscheidungsprozessen (Herdegen 1999, 43) und dass Demokratiebildung im Unterricht nicht unmittelbar in demokratisches Handeln in der Gesellschaft umgesetzt werden muss.

Proberäume schaffen

Demokratie lebt durch die Partizipation ihrer Bürgerinnen und Bürger, wobei es divergierende Meinungen über das wünschenswerte Ausmaß, die Formen und Foren der aktiven Teilnahme der Bevölkerung am politischen Geschehen gibt (Sarcinelli/Teuscher 2003, 27). Demokratiebildung kann – wenn sie ernst genommen wird als Bildung zur Mündigkeit und damit zur selbstständigen Auseinandersetzung mit der Welt, zur Aneignung von eigenständigem Denken und Handeln, von der Fähigkeit zu Kommunikation und solidarischem Miteinander (van der Gathen 2002, 30) – wohl kaum dazu instrumentalisiert werden, normativ erwünschtes politisches Verhalten zu (re-)produzieren. Es ist z.B. nicht statthaft, die Teilnahme an Wahlen oder die Mitgliedschaft in einer Partei als erwünscht zu proklamieren, die Teilnahme an einer Demonstration hingegen als unerwünscht abzulehnen.

Bildung zur Mündigkeit

Da Partizipation immer auch mit der Verteilung gesellschaftlicher Macht zu tun hat und Schule an sich nach wie vor ein hierarchisches System ist, gibt es immer auch Vorbehalte und Einwände gegen Demokratiebildung in der Schule. In der Praxis werden Schülerinnen und Schüler in der Regel dort beteiligt, wo die Interessen der Erwachsenen (Lehrerinnen und Lehrer sowie Eltern) nicht unmittelbar betroffen sind, wie z.B. bei der Festlegung der Sitzordnung, der Klassenraum- oder Schulhausgestaltung. Selten werden sie in die Notengebung, Unterrichtsgestaltung, Auswahl von Inhalten des Unterrichts usw. einbezogen (Eikel 2007, 22).

Eine Frage der Macht

Prinzipien einer demokratisch-partizipativen Schulkultur

→ Transparenz und Kommunikation: Da Partizipation nur auf der Grundlage ausreichender Informationen stattfinden kann, ist die Verbreitung relevanter Informationen ein grundlegendes Prinzip einer demokratisch-partizipativen Schulkultur.

→ Selbstbestimmung und Unterstützung: In relevanten Fragen der Lern- und Unterrichtsgestaltung und des Schullebens müssen Schüler und Schülerinnen selbst über Lernwege, Leistungsbeurteilung, Inhalte usw. bestimmen können, zugleich haben sie aber auch ein Recht auf adäquate Unterstützung, wenn sie diese wünschen/brauchen.

→ Zugehörigkeit, Anerkennung und soziale Inklusion: Dies erfordert Wertschätzung von Vielfalt und Diversität.

→ Wirksamkeit und Erfolgserleben: Dies setzt ein größeres Maß an Fehlerfreundlichkeit voraus, aber auch neue Konzepte bei der Bewertung von Schülerleistungen, Vertrauen in die Fähigkeiten von Schülern und Schülerinnen und vielfältige Möglichkeiten zur Übernahme von Verantwortung.

Vgl. dazu: Eikel 2007, 32f.

Partizipationsfelder, Gütekriterien und demokratische Kompetenzen

Partizipation heißt Mitwirkung, Mitbestimmung, Teilhabe an Entscheidungen, die einen selbst und andere betreffen, Mitsprache und Mitgestaltung und hat somit immer auch mit der Verteilung gesellschaftlicher Macht zu tun (Knauer 2004, 103f.). In der Schule bedeutet dies, dass die Schülerinnen und Schüler angehalten werden zu selbstständigem Handeln, zur Artikulation eigener Interessen, zur Stärkung ihrer Ich- und Sozialkompetenz, zur Entwicklung von Toleranz, Kritik- und Kommunikationsfähigkeit, zu Zivilcourage und auch zur Übernahme von Verantwortung für sich und an-

Bedingungen für Partizipation

Didaktische Leitprinzipien vorurteilssensiblen Unterrichtens

dere (vgl. Burk u.a. 2003, 10f.). Allerdings findet diese Demokratiebildung in einer Schulrealität statt, die trotz vieler Bemühungen von Lehrerinnen und Lehrern durch den Pflichtcharakter schulischen Lernens, durch die Hierarchie der schulischen Organisation, durch Konkurrenz und Anpassung an Erwartungen von Lehrern und Lehrerinnen u.a. (von Reeken 2001, 5f.) geprägt ist. Unter diesen Rahmenbedingungen muss stattfindende Partizipation bestimmte Qualitätskriterien erfüllen (siehe Kasten).

Qualitätskriterien für Partizipation

→ Inwieweit sind die partizipativen Möglichkeiten strukturell verankert? (Handelt es sich bei den Partizipationsmöglichkeiten um eine „Gnade" oder ein Recht?)

→ Inwieweit sind die Kinder und Jugendlichen über ihre Rechte informiert?

→ Wie ist es um die Zugänglichkeit zu den Partizipationsmöglichkeiten bestellt?

→ Welche Ressourcen (Zeit, Geld, Raum, Begleitung durch Erwachsene) stehen zur Verfügung?

→ Gibt es tatsächliche Entscheidungsalternativen, zwischen denen die Kinder und Jugendlichen wählen können? Besteht ein Recht auf Scheitern?

→ Wie steht es mit einem Recht auf Verweigerung an der Mitwirkung?

Vgl. Knauer 2004, 112ff.

Nötige Kompetenzen Im Zuge der Kompetenzdebatten der letzten Jahre wurden von unterschiedlicher Seite sowohl für politische Bildung als auch für Demokratiebildung Kompetenzen formuliert.[3] Für die Demokratiebildung hat die Fachgruppe Sozialwissenschaften im Auftrag der Kultusministerkonferenz in Deutschland fünf Kompetenzen entwickelt:

Fünf Kompetenzen für Demokratiebildung

→ **Perspektivenübernahme/Rollenübernahme:** Kompetenz zur Wahrnehmung und Übernahme der Handlungsperspektiven Dritter.

→ **Konfliktfähigkeit:** Kompetenz zur diskursiven Klärung konkurrierender und konfligierender Ideen und Interessen und zum Aushandeln von Konfliktregelungen.

→ **Sozialwissenschaftliches Analysieren:** Kompetenz zur problemorientierten Analyse struktureller Bedingungen und institutioneller Ordnungen.

→ **Politisch-moralische Urteilsfähigkeit:** Kompetenz zur Einschätzung und Bewertung gesellschaftlicher Problemlagen sowie zum reflektierten Gebrauch von Urteilskriterien.

→ **Partizipation/politische Handlungsfähigkeit:** Kompetenz zur Beteiligung an Initiativen, informellen und formalisierten Prozessen öffentlicher Meinungs- und Willensbildung.

Aus: Behrmann/Grammes/Reinhard 2004, S. 337, zit. aus: Reinhardt 2011, 34

Entwicklungsstufen Die Entwicklung demokratischer Kompetenzen muss auf die jeweilige Entwicklungsstufe abgestimmt sein. Daher formuliert Sybille Reinhardt in Anlehnung an die Stufenfolge der moralischen Entwicklung von Lawrence Kohlberg drei Niveaustufen, auf denen diese Kompetenzen entwickelt werden:

Individuum *Niveaustufe 1:* Im Zentrum stehen die Perspektive und Bedürfnisse der einzelnen Person, ihr Nahraum, ihr sozialer Umgang.

Regeln *Niveaustufe 2:* Die Perspektive wird erweitert um den Zusammenhang von Regeln und Institutionen, welche über die personale Perspektive hinausgreifen und das Zusammenleben und die Konflikte einer Vielzahl von Personen koordinieren.

Zusammenhänge *Niveaustufe 3:* Hier werden systematische Zusammenhänge und Standorte der Person und der Institutionen im Gesamtzusammenhang erfasst. Die dritte Stufe ist ein reflexives und selbst-reflexives Niveau (Reinhardt 2011, 34).

Siegfried Frech und Elfriede Windischbauer

Leitprinzip C: Umgehen mit Heterogenität und Diversität

Heterogenität und Diversität – Herausforderung und Chance

Der Begriff Heterogenität meint im pädagogischen Diskurs Unterschiede der Lernenden hinsichtlich verschiedener lernrelevanter Merkmale (Rebel 2011, 15). Unter diesem lernrelevanten Aspekt sind Gruppen von Schülerinnen und Schülern in vielerlei Hinsicht heterogen: Sie unterscheiden sich z.B. hinsichtlich ihrer Herkunft (kulturell und sozial), ihres Geschlechts, ihres Lern- und Lebensalters, ihrer Lernfähigkeit, Intelligenz, Vorkenntnisse, Lernstile, Arbeitshaltung, Interessen und ihres Lerntempos. Die Heterogenität in der Schule wird bereits seit Jahrhunderten thematisiert und traditionell wurde mit Homogenisierungsmaßnahmen (z.B. Differenzierung des Schulsystems durch Einrichtung von Gymnasien, Haupt-, Real- und Sonderschulen) darauf reagiert. Heute kommt ihr eine zentrale Bedeutung zu, weil einerseits die Lerngruppen durch gesellschaftliche Entwicklungen wie z.B. das Aufbrechen von traditionellen Familien- und Geschlechtermodellen und Migration heterogener geworden sind (Rebel 2011, 21f.). Andererseits weist die Pädagogik – genannt seien hier insbesondere die Teildisziplinen koedukative, interkulturelle und Integrationspädagogik – zunehmend auf die Einzigartigkeit des Individuums im Lernprozess hin und hinterfragt den schulischen Umgang mit Verschiedenheit (Buholzer/Kummer 2010, 7).

Schulischer Umgang mit Verschiedenheit

Von der Defizitorientierung zur Pädagogik der Anerkennung

In den 1970er- und 1980er-Jahren überwogen in der Pädagogik im Umgang mit Differenz defizitorientierte Ansätze: Die Ausländerpädagogik und teilweise auch die Interkulturelle Pädagogik setzten bei den Defiziten der Migrantinnen und Migranten an und wollten durch Kompensation der Defizite die Integration fördern (vgl. Auernheimer 2003, 34). Für Mädchen und Frauen wurden Förderkonzepte entwickelt, die im Wesentlichen kompensatorischen Charakter hatten (vgl. Paseka 2008, 24ff.), und der defizitorientierte Ansatz im Umgang mit behinderten Kindern führte u.a. zu ausdifferenzierten Zuordnungen zu Behindertenkategorien (vgl. Sturny-Bossart 2010, 43). Kritiker und Kritikerinnen dieser defizitorientierten Ansätze verweisen darauf, dass Pädagogik damit in Gefahr sei, an den Mechanismen der Diskriminierung und an der Konstruktion des Anderen teilzuhaben (vgl. Barbowski 2008, 33).

Defizitorientiert

Im Zuge konstruktivistischer Diskurse wird die Zuschreibung bestimmter Identitäten grundsätzlich infrage gestellt und davon ausgegangen, dass scheinbar *natürliche* Zuordnungen auf gesellschaftlichen Konstruktionen beruhen: So überwiegt im wissenschaftlichen Diskurs die Überzeugung, dass Geschlecht durch Zuschreibungen von Zugehörigkeit und damit verbunden durch das Erlernen eines adäquaten Verhaltens, das dieser Zuschreibung entspricht (*doing gender*) entsteht (vgl. Faulstich 2010, 17). Ähnliches geschieht im Bereich der Kultur: Es werden Zuschreibungen vorgenommen aufgrund der nationalen und/oder religiösen Herkunft von Individuen. Dabei wird ignoriert, dass Kultur ein gesellschaftliches Konstrukt ist, in dessen Rahmen Nationalkultur nur einen von vielen kulturellen Einflussfaktoren darstellt (Gramelt 2010, 51f.). Diese Erkenntnis erfordert eine neue Orientierung an der Lebenswelt der Individuen. Unter Lebenswelt werden hierbei die individuell zutreffenden Erfahrungsräume und -gegenstände verstanden, in denen kulturelle Elemente zwar eine Rolle spielen, die aber auf die Sozialisation von Individuen bezogen sind, die von sehr heterogenen Erfahrungen geprägt werden. Entscheidend ist also weniger, welche Merkmale eine nationale Kultur insgesamt aufweist, sondern welche dieser Merkmale individuell zutreffen (Barbowski 2008, 35).

Zuschreibungen: gesellschaftliche Konstruktionen

Orientierung an Lebenswelt der Individuen

Im schulischen Kontext überwiegt bisher der defizitäre Blick auf Kinder, welche hinsichtlich ihrer Herkunft oder ihres Geschlechts oder eines anderen „Defizits" gefördert werden sollen, um ihre Bildungschancen zu unterstützen. Vernachlässigt werden

Strukturelle Zusammenhänge vernachlässigt

Didaktische Leitprinzipien vorurteilssensiblen Unterrichtens

dabei die strukturellen Zusammenhänge: So wird häufig ignoriert, dass ungleiche Bildungschancen weniger mit kulturellen Faktoren als mit sozioökonomischen zusammenhängen, und in der Ausbildung von Lehrerinnen und Lehrern wird Heterogenität nach wie vor häufig als Sonderfall behandelt (Gramelt 2010, 12f.), obwohl die gesellschaftliche und schulische Realität es erforderlich machen, dass der Umgang mit Pluralität zu einer Schlüsselqualifikation pädagogischer Ausbildung wird (ebd., 61).

Ziel Anerkennung *Anerkennung* ist das neue Ziel, das angestrebt werden soll, denn Integration könne nur gelingen, wenn der Integrationsdiskurs durch einen Diskurs der Anerkennung ersetzt werde, wenn Einwanderer und Einwanderinnen als „normale Angehörige der Gesellschaft" gesehen würden, die mit ähnlichen Problemen kämpfen wie die anderen Mitglieder der Gesellschaft, und wenn sie nicht als essenziell problematische Gruppe gelten würden, sondern als Gruppe, die ebenso von Differenz gekennzeichnet sei wie die „Einheimischen" (Sökefeld 2004, 54). Frauenbewegungen und Minderheiten in den USA fordern ebenfalls Anerkennung und eine ernsthafte Auseinandersetzung mit ihrer Kultur und Geschichte; das Thema könnten nicht die kulturellen Eigenheiten sein, sondern es müsse vielmehr um die Sensibilisierung für alltägliche Diskriminierungen gehen, um Aufklärung über institutionellen Rassismus und Frauenfeindlichkeit und um die Problematisierung der Konstruktion des „Fremden" und des „Geschlechts" (Auernheimer 2008, 28f.).

Ansätze einer Pädagogik der Anerkennung

Anti-Bias-Ansatz Im schulischen Kontext versucht man der Forderung nach einer *Pädagogik der Anerkennung* in unterschiedlichen Ansätzen gerecht zu werden. So z.B. wird mit dem Anti-Bias-Ansatz (*anti-bias* = gegen Schieflagen) ein pädagogisches Programm entwickelt, das Bildungsprozesse in heterogenen Gruppen optimieren will, indem Jugendliche die Möglichkeit erhalten, sich auf wertschätzende und anerkennende Weise mit Vielfalt auseinanderzusetzen. Bildungseinrichtungen sollen zu Orten werden, „in denen Vielfalt als gegeben angenommen wird und pädagogische Maßnahmen darauf ausgerichtet werden, mit Heterogenität aktiv umzugehen" (Gramelt 2010, 13), indem für einen individuellen Umgang mit pädagogischen Interventionen plädiert wird, indem Pädagogen und Pädagoginnen sich selbst bewusst als kulturell handelnde Personen wahrnehmen und indem der Blick auf die Institution Schule gelenkt wird, die Kinder mit Migrationshintergrund benachteiligt (ebd., 25ff und 53ff.).

Schulen als Orte der Vielfalt

Die *Pädagogik der Vielfalt* hat einen bejahenden, unterstützenden und wertschätzenden Umgang mit Vielfalt zum Ziel, welcher die subjektiven Perspektiven der Lernenden betont und „Normalitätsvorstellungen" vermeidet (Buholzer/Kummer 2010, 8).

> **Beispiele für Re-Konstruktion und De-Konstruktion**
>
> **Beispiel für die Re-Konstruktion des „Anderen" aus der Unterrichtspraxis**
> Ein Salzburger Lehramtsstudent (Fachbereich Geschichte) berichtet im Seminar an der Pädagogischen Hochschule enttäuscht von einem Praxiserlebnis: In der 8. Schulstufe hat er die Schüler und Schülerinnen befragt, welche Themen der Zeitgeschichte sie ausführlicher behandeln möchten. U.a. wurde auch das Thema „Bürgerkrieg im ehemaligen Jugoslawien" gewählt. In der Meinung, die Schülerinnen, deren Wurzeln im ehemaligen Jugoslawien liegen, würden sich darüber freuen, zu diesem Thema zu arbeiten, teilt der Student alle diese Schüler dieser Gruppe zu. Einer der Schüler rebelliert jedoch dagegen und wirft dem Studenten vor, dieser wolle einen „Jugo" aus ihm machen. Der Schüler meint, er habe sich die Anerkennung in der Klasse schwer erkämpft und er sieht seine Bemühungen nun gefährdet.
>
> **Beispiel für eine freiwillige Re-Konstruktion, die zugleich eine De-Konstruktion darstellt**
> Ein Salzburger Schüler eines Gymnasiums mit serbischen Wurzeln erscheint in der Schule in einem Trainingsanzug, den drei Streifen zieren. Zu seinen Mitschülern und Mitschülerinnen meint er: „Was sagt ihr zu mir? Heute komme ich als Jugo!" Der Schüler und alle anderen brechen in herzliches Lachen aus.

Paul Mecheril wiederum spricht von einer Migrationspädagogik oder einer *Pädagogik der Mehrfachzugehörigkeit,* welche strukturell die Entwicklung von individuellen Dispositionen ermöglicht (Mecheril 2004, 220f.) und die das grundlegende „natio-ethno-kulturelle Schema", das zwischen „Wir" und „Nicht-Wir" unterscheidet, kritisch reflektiert. Ziel der Migrationspädagogik ist eine „Verschiebung, Vervielfältigung und Aufweichung" der vorherrschenden Zugehörigkeitsordnungen (ebd., 223). Die zentrale Aufgabe von Migrationspädagogik besteht darin, bewusst zu machen, wie der oder die Andere unter Bedingungen der Migration erzeugt wird und welchen Beitrag pädagogische Diskurse und Praktiken zu dieser Erzeugung des Anderen leisten (ebd., 19). Mecheril fordert die Ergänzung der Pädagogik der Anerkennung um eine rassismuskritische Perspektive (siehe Kasten).

Migrationspädagogik

Rassismuskritische Perspektive der Pädagogik

→ **Mehr (Verteilungs-)Gerechtigkeit:** Die Bildungsinstitutionen, in denen und durch die Benachteiligungen (re-)produziert werden, tragen dafür auch die Verantwortung (und nicht die benachteiligten Personengruppen).

→ **Antirassistische Performanz:** Z.B. antirassistische Selbstdarstellung von Schulen, (symbolisches) Engagement von Pädagoginnen und Pädagogen gegen Rassismus, Vermeidung rassistischer Sprache.

→ **Vermittlung von Wissen über Rassismus:** Z.B. rassistische Strukturen, Kenntnis der Ergebnisse der empirischen Rassismusforschung, Auseinandersetzung mit Holocaust, Nationalsozialismus und Antisemitismus.

→ **Thematisierung von Zugehörigkeitserfahrungen:** Reflexion eigener „Rassismen", Artikulation von Rassismuserfahrungen.

→ **Reflexion rassistischer Zuschreibungsmuster:** Reflexion der Zuschreibungen von „Anderssein" und „Fremdheit", Nachdenken über alternative Zuschreibungsmöglichkeiten (bei Vermeidung von Moralisierung!).

→ **Dekonstruktion binärer Schemata:** Dekonstruktion der Abgrenzungen zwischen Schwarz-Weiß, Migrant/Migrantin und Nichtmigrant/Nichtmigrantin u.s.w., Anerkennung von Mehrfachzugehörigkeiten.

Vgl. Mecheril 2004, 206ff.

Leitprinzip D: Soziales Lernen

Soziales Lernen als kompensatorisches Lernen?

Aus der Sozialisationsfunktion der Schule leitet sich schon immer das Einüben von Verhaltensweisen ab, die das gedeihliche Zusammenleben von Menschen ermöglichen. Soziale Lernprozesse in Familie und Schule können die Entwicklung demokratischer Verhaltensdispositionen fördern. Gleichwohl ist die Dominanz kognitiv-zweckrationalen Lernens immer noch ein Hemmnis für die gleichrangige Beachtung sozialer Lernziele in Schule und Unterricht. Die Überwindung der Kluft zwischen inhaltlich-kognitivem und sozialem Lernen[4] ist – auch und gerade angesichts gesellschaftlicher Entwicklungslinien und „epochentypischer Schlüsselprobleme" (vgl. Klafki 1999) – eine zentrale Aufgabe von Schule und Unterricht.

Demokratisches Verhalten fördern

Die gestiegene Bedeutung sozialen Lernens wird gemeinhin mit der Auflösung tradierter sozialer Milieus sowie mit der Differenzierung und Individualisierung moderner Lebenswelten begründet (vgl. Beck 1986, 121ff.). Die „Verflüssigung" von Traditionen und Routinen sowie der zunehmende Funktionsverlust der Familie als Sozialisationsinstanz, die grundlegende soziale Handlungskompetenzen nicht mehr in ausreichendem Maße vermittelt, verlangen die planvolle Vermittlung sozialer Verhaltensweisen im schulischen Rahmen. Gerade weil in der familialen Sozialisation erworbene soziale Verhaltensmuster oftmals defizitär sind, ist die Schule als Sozialisa-

Schule als Vermittlerin sozialer Verhaltensweisen

Didaktische Leitprinzipien vorurteilssensiblen Unterrichtens

tionsagentur mehr denn je gefragt. Unzureichende Erfahrungsräume, abnehmende Eigenständigkeit und immer weniger Gelegenheiten, selbstständig und eigenverantwortlich soziale Erfahrungen machen zu können, sind ein Kennzeichen heutiger Kindheit (vgl. Zeiher 1994)

Vorurteilssensibler Unterricht – Beziehungsorientierung anstatt Belehrung

Schlüsselkategorien — „Heterogenität" und „Diversität" sind im aktuellen pädagogischen Diskurs häufig verwendete Begrifflichkeiten. Eine solche Konjunktur lässt die Schlussfolgerung zu, dass die Akzeptanz von Heterogenität und Diversität eine zentrale Herausforderung für Schule und Unterricht darstellt (vgl. Holzbrecher 2009). Ein angemessener Umgang mit Unterschiedlichkeit(en) und mit (kultureller) Vielfalt sind Schlüsselkategorien schulischen Lernens geworden. Eine solche Bildungs- und Erziehungsarbeit beinhaltet notwendigerweise diskursive Elemente. Gefordert sind das Aushalten von Konflikten sowie das Zulassen von dissonanten Perspektiven und der konstruktive Umgang damit. Begegnungen zwischen unterschiedlichen Ethnien und Kulturen produzieren häufig Situationen und Konfliktfelder, die eine „Dissenskultur" voraussetzen. Gefordert sind Grundqualifikationen, die den eigentlichen Kern sozialen Lernens ausmachen: Empathie, Rollendistanz und Ambiguitätstoleranz, d.h. die Fähigkeit, unterschiedliche Interessen, Erwartungen und Bedürfnisse aushalten zu können und bei der Herstellung einer möglichen Übereinkunft zu berücksichtigen (s. Kasten „Ziel des sozialen Lernens") (vgl. Krappmann 1975).

„Dissenskultur" wichtig

Beziehungs-orientierung — Ein alle sozialen Grundqualifikationen übergreifendes Prinzip vorurteilssensiblen Lernens ist die Beziehungsorientierung. Beziehungsarbeit ist deshalb so wichtig, weil intensive soziale Beziehungen immer untypischer im Lebensalltag und Lebenszusammenhang von Kindern und Jugendlichen geworden sind. Besteht eine tragfähige pädagogische Beziehung, dann können Schülerinnen und Schüler ihre Meinung frei artikulieren, ohne dass sie Sanktionen befürchten müssen oder gar Abwehr bei den Lehrenden hervorrufen. Wenn Schülerinnen und Schüler vorurteilsbehaftete, fremdenfeindliche oder (rechts-)populistische Sprüche äußern, handelt es sich aus der Sicht des aufgeklärten Beobachters, der aufgeklärten Beobachterin um irrationale und falsche Vorurteile, die ethisch verwerflich sind und einer rationalen Überprüfung nicht standhalten. Dies ist zunächst richtig, blendet aber aus, dass es für diejenigen, die diese Denkmuster von sich geben, subjektiv plausibel ist. Wenn Kinder und Jugendliche solche Formeln und Sprüche verwenden, sagt dies doch aus, dass sie auf Deutungs- und Bewertungsmuster zurückgreifen, die ihnen zur Erklärung der politischen und sozialen Wirklichkeit angeboten werden. Jeder nunmehr gut gemeinte Versuch, Vorurteile durch Informationen und Argumente widerlegen zu wollen, muss deshalb mit erheblichen Widerständen rechnen. Neue und gegensätzliche Informationen fordern dazu auf, subjektiv bislang als glaubwürdig betrachtetes Wissen aufzugeben. Dies produziert in aller Regel Abwehr und Lernbarrieren. Die Entwicklung und Verfestigung von Lernbarrieren wird dann umso wahrscheinlicher, wenn auf vorurteilsbehaftete Äußerungen moralisierend reagiert wird. Problematisch ist, dass bei Belehrungen von oben herab Ausgrenzung praktiziert wird: Betroffenheitsrhetorik ersetzt Analyse und argumentatives Vorgehen.

Rationalität wird individuell empfunden

Soziale Grundqualifikationen

„Immunisierung" — Eine Leitidee vorurteilssensibler Bildungsarbeit ist die Förderung von Grundqualifikationen sozialen Handelns. Die Vermittlung immunisierender Erfahrungen und Einsichten, welche auf die nachfolgenden sozialen Grundqualifikationen abheben, scheint – vor allem dann, wenn soziales Lernen als Querschnittsaufgabe betrachtet wird und ein Bestandteil der Schulentwicklung ist – vielversprechend.

Entscheidend ist der Sachverhalt, dass man diese sozialen Grundqualifikationen durch konsequente Übung und beständige Anwendung trainieren kann und somit auf dem Wege der Habitualisierung (und durch die gelingende Praxis) letztlich zu kognitiver Einsicht gelangt.[5]

Soziale Grundqualifikationen

mit kommunikationsbezogenen und inhaltsbezogenen Komponenten

→ **Empathiefähigkeit:** D.h. die Fähigkeit, sich in Perspektiven, Situationen, Handlungen anderer Menschen hineinversetzen und aus deren Sicht sehen zu können. Dies bedeutet nicht, jede beliebige Perspektive unbesehen als gleichberechtigt anzuerkennen. Vielmehr geht es darum, auf argumentativem Wege Übereinkünfte anzustreben, die über die unterschiedlichen Sichtweisen hinausreichen.

→ **die Fähigkeit, bei Dissonanzen und Konflikten angemessen, flexibel und vor allem friedfertig zu reagieren:** Hierzu sind Rollendistanz (die kritische Überprüfung zugemuteter Anforderungen) und Ambiguitätstoleranz (die Fähigkeit zum Ausbalancieren uneindeutiger Situationen) nötig. Dies schließt die Bereitschaft und Fähigkeit zur Selbstkritik ein.

→ **die Fähigkeit zur Kommunikation:** Dissonanzen und Konflikte können nur dann produktiv gemeistert werden, wenn Vernunft gezeigt, differenziert wahrgenommen wird, wenn schlichtende und vermittelnde Positionen eingenommen werden. Dies verlangt stets auch Kooperationsbereitschaft und -fähigkeit.

→ **die Fähigkeit zur Argumentation:** Diese Fähigkeit rührt zum einen aus der Selbstsicherheit im Auftreten gegenüber anderen, andererseits gehören hierzu auch Wissen, Sachkompetenz und eine positive Selbsteinschätzung. Eigene Positionen müssen so in einen Diskurs eingebracht werden, dass dem Gegenüber das Verstehen und eine kritische Prüfung ermöglicht wird.

Vgl. auch Klafki 1999, 40f.

Ziel des sozialen Lernens

„Das Ziel des sozialen Lernens besteht darin, die Fähigkeit und Bereitschaft bei den Jugendlichen zu wecken

→ zum gewaltfreien Zusammenleben mit anderen,

→ zum Wahrnehmen des anderen, des Mitmenschen,

→ sich in die Lage des anderen hineinzuversetzen,

→ den anderen als prinzipiell gleichberechtigt anzuerkennen,

→ zum Abbau von Vorurteilen gegenüber dem anderen,

→ Konflikte mit anderen durchzustehen,

→ die Bedeutung von sozialen Verhaltensnormen (Tugenden) wie Höflichkeit, Rücksichtnahme, Hilfsbereitschaft und Fairness für das Zusammenleben mit anderen zu erkennen,

→ sich an sozialen Verhaltensnormen zu orientieren und so zur Verwirklichung demokratischer Grundwerte: Freiheit, Gleichheit/Gerechtigkeit, Solidarität, beizutragen,

→ im Umgang mit anderen demokratische Grundwerte und Verhaltensnormen zu beachten und damit Demokratie als Lebensform zu praktizieren."

Zit. nach Breit/Weißeno 2003, 34

Didaktische Leitprinzipien vorurteilssensiblen Unterrichtens

LITERATUR

Auernheimer, Georg: Einführung in die interkulturelle Erziehung. Darmstadt 1990

Auernheimer, Georg: Einführung in die Interkulturelle Pädagogik. Darmstadt 2003

Auernheimer, Georg: Zum Stellenwert kultureller Differenz für die Pädagogik, in: Furch, Elisabeth/Eichelberger, Harald (Hg.): Kulturen, Sprachen, Welten. Fremdsein als pädagogische Herausforderung. Innsbruck u.a. 2008 (2. überarbeitete und ergänzte Neuauflage), 23–31

Barbowski, Hans: Prinzipien Interkulturellen Lernens für die multikulturelle und mehrsprachige Schule, in: Furch, Elisabeth/Eichelberger, Harald (Hg.): Kulturen, Sprachen, Welten. Fremdsein als pädagogische Herausforderung. Innsbruck u.a. 2008 (2. überarbeitete und ergänzte Neuauflage), 32–48.

Beck, Ulrich: Risikogesellschaft. Auf dem Weg in eine andere Moderne. Frankfurt/M. 1986

Breit, Gotthard: Grundwerte im Politikunterricht, in: Breit, Gotthard/Schiele, Siegfried: Werte in der politischen Bildung. Schwalbach/Ts. 2000, 218–248.

Breit, Gotthard/Schiele, Siegfried (Hg.): Demokratie-Lernen als Aufgabe der politischen Bildung. Schwalbach/Ts. 2004

Breit, Gotthard/Weißeno, Georg: Planung des Politikunterrichts. Eine Einführung. Schwalbach/Ts. 2003

Brinkmann, Heinz-Ulrich/Frech, Siegfried/Posselt, Ralf-Erik (Hg.): Gewalt zum Thema machen. Gewaltprävention mit Kindern und Jugendlichen. Bonn 2011 (2. aktualisierte Auflage)

Buholzer, Alois/Kummer-Wyss, Annemarie: Heterogenität als Herausforderung für Schule und Unterricht, in: Dies. (Hg.): Alle gleich – alle unterschiedlich. Zum Umgang mit Heterogenität in Schule und Unterricht. Seelze-Velber 2010, 7–13

Burk, Karlheinz u.a.: Mit Kindern gemeinsam Schule entwickeln – Demokratie lernen, in: Dies. (Hg.): Kinder beteiligen – Demokratie lernen? Frankfurt/M. 2003, 9–12

Eikel, Angelika: Demokratische Partizipation in der Schule, in: Eikel, Angelika/de Haan, Gerhard (Hg.): Demokratische Partizipation in der Schule ermöglichen, fördern, umsetzen. Schwalbach/Ts 2007, 7–41

Faulstich-Wieland, Hannelore: Mädchen und Jungen im Unterricht, in: Buholzer, Alois/Kummer-Wyss, Annemarie (Hg.): Alle gleich – alle unterschiedlich. Zum Umgang mit Heterogenität in Schule und Unterricht. Seelze-Velber 2010, 16–27

Filzmaier, Peter: Kurzbericht zur Pilotstudie Jugend und Politische Bildung. Einstellungen und Erwartungen von 14- bis 24-Jährigen. Wien 2007, URL: http://www.donau-uni.ac.at/imperia/md/content/department/pk/pilotstudie_jugend_polbil (21.4.2011)

Frech, Siegfried: Wie demokratisch kann Schule sein? Pädagogische Impressionen, Fragen und Skizzen, in: Massing, Peter/Roy, Klaus-Bernhard (Hg.): Politik, Politische Bildung, Demokratie. Schwalbach/Ts. 2005, 300–315

Frech, Siegfried: Gewalt und Gewaltprävention in der Schule, in: Brinkmann, Heinz-Ulrich/Frech, Siegfried/Posselt, Ralf-Erik (Hg.): Gewalt zum Thema machen. Gewaltprävention mit Kindern und Jugendlichen. Bonn 2011, 65–73

Fritz, Jürgen: Methoden des sozialen Lernens, 3. Auflage. Weinheim/Basel 1993

Fritzsche, K. Peter: Menschenrechte. Eine Einführung. Paderborn u.a. 2004

Giesecke, Hermann: Wie lernt man Werte? Grundlagen der Sozialerziehung. Weinheim/München 2005

Goll, Thomas: Werteordnung und Wertevermittlung im Politikunterricht, in: Bundeszentrale für politische Bildung/Landeszentrale für politische Bildung Baden-Württemberg (Hg.): Freiheit, Gleichheit, Gerechtigkeit. Werteordnung und Wertevermittlung. Bonn 2010, 9–26

Gramelt, Katja: Der Anti-Bias-Ansatz. Wiesbaden 2010

Greiffenhagen, Martin/Greiffenhagen, Sylvia: Wertewandel, in: Breit, Gotthard/Schiele, Siegfried: Werte in der politischen Bildung. Schwalbach/Ts. 2000, 16–29

Gugel, Günther: Handbuch Gewaltprävention. Für die Grundschule und die Arbeit mit Kindern. Grundlagen – Lernfelder – Handlungsmöglichkeiten. Tübingen 2008

Gugel, Günther: Demokratie- und Werteerziehung, in: ders.: Handbuch Gewaltprävention II. Für die Sekundarstufen und die Arbeit mit Jugendlichen. Grundlagen – Lernfelder – Handlungsmöglichkeiten. Tübingen 2010, 359–396

Gugel, Günther: Handbuch Gewaltprävention II. Für die Sekundarstufen und die Arbeit mit Jugendlichen. Grundlagen – Lernfelder – Handlungsmöglichkeiten. Tübingen 2010

Hentig, Hartmut von: Ach, die Werte! Ein öffentliches Bewusstsein von zwiespältigen Aufgaben. Über eine Erziehung für das 21. Jahrhundert. München 1999

Herdegen, Peter: Soziales und politisches Lernen in der Grundschule. Grundlagen – Ziele – Handlungsfelder. Donauwörth 1999

Himmelmann, Gerhard: Was ist Demokratiekompetenz? Ein Vergleich von Kompetenzmodellen unter Berücksichtigung internationaler Ansätze. Berlin, 2005. URL: http://blk-demokratie.de/fileadmin/public/dokumente/Himmelmann2.pdf (10.06.2011)

Holzbrecher, Alfred: Heterogenität – Diversität – Subjektorientierung. Zur Didaktik interkultureller Bildung, in: Frech, Siegfried/Juchler, Ingo (Hg.), Dialoge wagen. Zum Verhältnis von politischer Bildung und Religion. Schwalbach/Ts. 2009, 266–296

Hormel, Ulrike/Scherr, Albert: Bildung für die Einwanderungsgesellschaft. Perspektiven der Auseinandersetzung mit struktureller, institutioneller und interaktioneller Diskriminierung. Wiesbaden 2004

Hurrelmann, Klaus/Palentien, Christian (Hg.): Schülerdemokratie. Mitbestimmung in der Schule. München/Neuwied 2003, 21–46

Juchler, Ingo (Hg.): Kompetenzen in der politischen Bildung. Schwalbach/Ts. 2010

Kaletsch, Christa: Demokratietraining in der Einwanderungsgesellschaft. Aktive Schülervertretung für Schüler, Lehrer und Eltern. Schwalbach/Ts. 2007

Klafki, Wolfgang: Schlüsselprobleme und Schlüsselqualifikationen – Schwerpunkte neuer Allgemeinbildung in einer demokratischen Kinder- und Jugendschule, in: Hepp, Gerd/Schneider, Herbert (Hg.): Schule in der Bürgergesellschaft. Demokratisches Lernen im Lebens- und Erfahrungsraum der Schule. Schwalbach/Ts. 1999, 31–49

Klages, Helmut: Wertewandel, in: Greiffenhagen, Martin/Greiffenhagen, Sylvia (Hg.): Handwörterbuch zur politischen Kultur der Bundesrepublik Deutschland, Wiesbaden 2002, 638–647

Knauer, Reinhard: Außerschulische Formen politischer Partizipation von Kindern, in: Richter, Dagmar (Hg.): Gesellschaftliches und politisches Lernen im Sachunterricht. Bad Heilbrunn 2004, 103–118

Krammer, Reinhard/Kühberger, Christoph/Windischbauer, Elfriede et al.: Die durch politische Bildung zu erwerbenden Kompetenzen. Ein Kompetenz-Strukturmodell (unveröffentlichtes Manuskript des Bundesministeriums für Unterricht, Kultur und Kunst). Wien 2008

Krammer, Reinhard: Kompetenzen durch Politische Bildung. Ein Kompetenz-Strukturmodell, in: Informationen zur Politischen Bildung 29, Kompetenzorientierte Politische Bildung. Wien 2008, 5–14

Krappmann, Lothar: Soziologische Dimensionen der Identität. Strukturelle Bedingungen für die Teilnahme an Interaktionsprozessen. Stuttgart 1975

Marker, Michael: Die Schule als Staat. Demokratiekompetenz durch lernendes Handeln. Schwalbach/Ts. 2009

Marschke, Britta/Brinkmann, Heinz-Ulrich (Hg.): Handbuch Migrationsarbeit. Wiesbaden 2011

Mecheril, Paul: Einführung in die Migrationspädagogik. Weinheim/Basel 2004

Meyer, Gerd/Dovermann, Ulrich/Frech, Siegfried/Gugel, Günther (Hg.): Zivilcourage lernen. Analysen – Modelle – Arbeitshilfen Bonn u.a. 2004

Oser, Fritz/Biedermann, Horst: Jugend ohne Politik. Ergebnisse der IEA-Studie zu politischem Wissen, Demokratieverständnis und gesellschaftlichem Engagement von Jugendlichen in der Schweiz im Vergleich mit 27 anderen Ländern. Zürich 2003

Paseka, Angelika: Rassismus und Sexismus als gesellschaftliche Phänomene – „Interkulturelle" und „geschlechtssensible" Pädagogik als Antwort?, in: Furch, Elisabeth/Eichelberger, Harald (Hg.): Kulturen, Sprachen, Welten. Fremdsein als pädagogische Herausforderung. Innsbruck u.a. 2008 (2. überarbeitete und ergänzte Neuauflage), 119–134

Rebel, Karlheinz: Heterogenität als Chance nutzen lernen. Bad Heilbrunn 2011

Reinhardt, Sibylle: Politische Bildung in der Oberstufe. Kompetenzen für Demokratie, in: Historische Sozialkunde 1/2011, 34–38

Sarcinelli, Ulrich/Teuscher, Jens: Autonomie und bürgerschaftliches Engagement – oder die Frage, wie viel und welche Beteiligung unsere Gesellschaft braucht, in: Palentien, Christian/Hurrelmann, Klaus (Hg.): Schülerdemokratie. Mitbestimmung in der Schule. München/Neuwied 2003, 21–46

Shell Deutschland (Hg.): Jugendstudie 2010. Frankfurt 2010

Sir Peter Ustinov Institut zur Erforschung und Bekämpfung von Vorurteilen (Hg.): Kompetenz im Umgang mit Vorurteilen. Vorurteilsbewusstes Unterrichten an Grundschulen. Wien 2009

Sökefeld, Martin: Jenseits des Paradigmas kultureller Differenz, in: Alavi, Bettina/Henke-Bockschatz, Gerhard (Hg.): Migration und Fremdverstehen. Geschichtsunterricht und Geschichtskultur in der multiethnischen Gesellschaft. Idstein 2004, 47–55

Sturny-Bossart, Gabriel: Förderung von Kindern mit besonderem Bildungsbedarf und Behinderung, in: Buholzer, Alois/Kummer-Wyss, Annemarie (Hg.): Alle gleich – alle unterschiedlich. Zum Umgang mit Heterogenität in Schule und Unterricht. Seelze-Velber 2010, 40–51

Sutor, Bernhard: Kleine politische Ethik. Bonn 1997

Van der Gathen, Jan: Die partizipative Schule, in: Grundschule 1/2002, 30–33

Von Reeken, Dietmar: Politisches Lernen im Sachunterricht. Didaktische und unterrichtspraktische Hinweise. Baltmannsweiler 2001

Zeiher, Helga: Kindheitsräume. Zwischen Eigenständigkeit und Abhängigkeit, in: Beck, Ulrich/Beck-Gernsheim, Elisabeth (Hg.): Riskante Freiheiten. Frankfurt/M. 1994, 353–375

---

1 Vgl. Breit/Schiele, 2004; Kaletsch, 2007; Fritzsche 2004, 165ff.; Auernheimer 1990; Marschke/Brinkmann 2011
2 Vgl. Definition nach Himmelmann 2007, in: Marker 2009, 86ff.
3 Eine Zusammenfassung findet sich z.B. bei Himmelmann 2005
4 Im Hinblick auf die Begrifflichkeit des sozialen Lernens gibt es – ja abhängig von der (wissenschafts-)theoretischen Provenienz – eine große Interpretationsbreite über die Ziele und Inhalte sozialen Lernens; vgl. Fritz 1993.
5 Vgl. die vorbildlichen Übungs- und Unterrichtseinheiten in: Gugel 2008, 123–232; Gugel 2010, 223ff.

Josef Berghold und Kurt Messmer

Vorurteilsbeispiel Rassismus[1]

Was definiert Rassismus?

Was definiert Rassismus? Was ist das Wesentliche an ihm? Diese Frage einigermaßen schlüssig zu beantworten, mag auf den ersten Blick eher einfach erscheinen. Wenn man sich aber auf seine zahlreichen konkreteren (historischen, kulturellen, politischen …) Formen und Hintergründe einlässt, wird das Thema zunehmend vielschichtig und widersprüchlich. Was rassistische Einstellungen in ihrem logischen Kern enthalten müssen – ein Bild von Menschen und der Menschheit, das auf der Behauptung biologisch feststehender Unterschiede, Grenzen und Gegensätze aufbaut –, kommt in vielen praktischen Beispielen nur verschwommen zum Ausdruck oder bleibt überhaupt weitgehend im Dunkeln.

Rassismus hat keine wissenschaftliche Grundlage

Schon zur Zeit ihrer größten Popularität im 19. und 20. Jahrhundert strotzten die „biologischen" Erklärungen, mit denen die angebliche Existenz von „Rassen" begründet wurde, nur so vor logischen Ungereimtheiten. Im Laufe des 20. Jahrhunderts haben die Fortschritte in der Erforschung der Gene des Menschen (und ihrer Verteilung innerhalb der Weltbevölkerung) aber schließlich auch zum allgemeinen Konsens in den biologischen Wissenschaften geführt, den Begriff „Rasse" endgültig fallen zu lassen, weil er absolut keiner genetischen Realität entspricht.

Einige der wichtigsten Erkenntnisse, die diesen Konsens begründet haben:
Grundsätzlich sind die genetischen Unterschiede innerhalb der menschlichen Art im Vergleich zu anderen Arten sehr gering: Zu 99,9 Prozent haben alle Menschen die gleichen Gene.

Was die verbleibenden 0,1 Prozent betrifft, bei denen sich die Menschen genetisch unterscheiden, so existieren 85 Prozent davon innerhalb lokaler und nationaler Gemeinschaften – und nur 6 bis 10 Prozent zwischen Gruppen, die herkömmlicherweise (aufgrund von Merkmalen wie Hautfarbe, Form der Haare oder Gesichtsknochen) als „Rassen" bezeichnet wurden; wobei diese ungenaue Prozentangabe daher rührt, dass es keine klaren Maßstäbe für ihre Unterteilung gibt (die angenommene Anzahl von „Rassen" in verschiedenen Einteilungssystemen reicht von drei bis 30).

Jene Gene, die die herkömmlichen „Rassen"-Merkmale bestimmen, machen nur einen Bruchteil eines Tausendstels der menschlichen Genstruktur aus und weisen auch einen so schwachen Zusammenhang mit unseren sonstigen Genen auf, dass es zum Beispiel zwischen den Menschen West- und Osteuropas keine größere genetische Ähnlichkeit gibt als zwischen den Menschen Europas und Afrikas.
Vor allem aber gibt es nicht den geringsten Hinweis auf genetische Unterschiede zwischen menschlichen Gruppen – seien es „Rassen", Nationen, Volksgruppen oder Stammesgemeinschaften –, aus denen auf Unterschiede in Charaktereigenschaften, Intelligenz oder ähnlichen Fähigkeiten geschlossen werden könnte.

Vgl.: Cavalli-Sforza 2001; Lewontin 2006

Scheinbiologie ohne Logik

Eklatante innere Ungereimtheiten

So ist es zunächst offensichtlich, dass entsprechende Denkweisen und Praktiken historisch viel weiter zurückreichen als die moderne Wissenschaft der Biologie, aus der der Rassismus (in den uns auch heute noch geläufigen Formen) entscheidende Ver-

Josef Berghold und Kurt Messmer

satzstücke und Vorstellungen entlehnt hat. Andererseits war sogar der voll entfaltete und sich offensiv „biologisch" rechtfertigende Rassismus des 19. und 20. Jahrhunderts von derart eklatanten inneren Ungereimtheiten beherrscht, dass er im Grunde an seine eigene „Biologie" nicht geglaubt haben kann (ja gerade auch deren ins Auge springende Widersinnigkeit einen wichtigen Teil seiner Botschaften und Inszenierungen ausgemacht haben musste). Die tief verwurzelte Hartnäckigkeit, mit der sich dieser pseudo-biologische Wahn dennoch bis heute erhalten konnte, kann man eindrucksvoll daran ermessen, dass er trotz seiner weltweiten Ächtung im Gefolge der Verbrechen des Nationalsozialismus (oder auch trotz seiner von der genetischen Forschung seit Langem erwiesenen Unhaltbarkeit) immer noch stark in einem weithin populären Alltagsbewusstsein verankert ist. Sich „gebildet" und „zivilisiert" gebärdende Varianten des Rassismus sehen sich heute freilich meist genötigt, auf den anrüchig gewordenen „Rasse"-Begriff zu verzichten und sich hinter der Behauptung von unabänderlichen Wesensgegensätzen zwischen Kulturen zu verstecken – wie sehr sich diese auch (angesichts des unabweisbar veränderlichen Wesens von Kulturen) schon auf den ersten Blick ad absurdum führen muss. Da die im verbreiteten Alltagsdenken verankerten Formen des Rassismus solche Maskierungen weit weniger nötig haben, kommen die scheinbiologischen Kernvorstellungen in ihnen auch deutlicher zum Ausdruck – auch wenn sie es ebenfalls vermeiden müssen, sich über die logischen Voraussetzungen des eigenen Denkens klare Rechenschaft abzulegen (weil dies zwangsläufig zu akuter Verunsicherung führen müsste).

„Wesen von Kulturen" statt Begriff „Rasse"

Scheinbiologische Vorstellungen im Alltagsrassismus

Grundlegende Vorstellungen eines rassistischen Weltbilds

Der Kern eines rassistischen Weltbilds kann nun, wie bereits angedeutet, weitgehend schlüssig mit einigen grundlegenden Vorstellungen umrissen werden:

→ Die gesamte Menschheit sei scharf in eine Anzahl von an körperlichen Merkmalen erkennbaren Großgruppen („Rassen") unterteilt, deren unterschiedliche Eigenschaften biologisch festgelegt – in „ihrem Blut" oder „ihren Genen" eingeschrieben – seien und somit allen ihren Mitgliedern dauerhaft bzw. unabänderlich anhaften müssten.

Eigenschaften biologisch festgelegt

→ Die wichtigsten Unterschiede zwischen den Eigenschaften der verschiedenen Rassen würden moralisch zu wertende Grundhaltungen und geistige und körperliche Fähigkeiten betreffen, woraus eine ausgeprägte Rangordnung zwischen „höher" und „niedriger" zu achtenden Rassen hervorgehen müsse.

Rangordnung „höher"/„niedriger"

→ Diese Unterschiede und diese Rangordnung müssten ein grundsätzlich feindliches Verhältnis und unversöhnliche Gegensätze zwischen den Rassen zur Folge haben.

Unversöhnliche Gegensätze

→ Eine höhere Stellung in dieser Rangordnung rechtfertige systematische (wirtschaftliche, politische, rechtliche, kulturelle und psychologische) Bevorzugung gegenüber Rassen, die darin niedriger eingestuft sind.

→ Eine höhere Stellung in dieser Rangordnung rechtfertige den Einsatz von Mitteln gegen „niedrigere" Rassen, die ansonsten moralisch verwerflich wären (wie Gewalt, Bedrohung oder systematische Benachteiligung).

Rechtfertigung von Gewalteinsatz

→ Eine höhere Stellung in dieser Rangordnung rechtfertige systematische Schranken gegen Kontakte und „Vermischungen" mit „niedrigeren" Rassen, um die eigene (biologisch höherwertige) Substanz vor Verunreinigung und Niedergang zu bewahren.

Die auf der Hand liegende Funktion eines solchen Weltbildes, eine „naturnotwendig" erscheinende Legitimation für gesellschaftliche Verhältnisse von Ungleichheit, Ausbeutung, Arroganz und Ausschließung zu liefern, wird paradoxerweise durch die bereits erwähnten extremen logischen Unstimmigkeiten, die die Geschichte des Rassismus auf Schritt und Tritt begleiten, noch zusätzlich unterstrichen: Gerade mit der erfolgreichen Demonstration, sehr augenscheinlich irrationale Auffassungen

Die Funktion der Unlogik

Irrationalität als Zeichen von Stärke

Vorurteilsbeispiel Rassismus

durchzusetzen (ohne darin ernsthaft herausgefordert zu werden), können mächtige Ideologien ihre gesellschaftliche Vorherrschaft besonders eindrücklich unter Beweis stellen.

Rassistisches Weltbild: unlogisch, aber dadurch flexibel und wandelbar

Innere Brüchigkeit

Auf der grundlegendsten Ebene wird die innere Brüchigkeit des rassistischen Weltbildes bereits am bemerkenswerten Umstand erkennbar, dass seit den Anfängen der sich biologisch verstehenden „Rassenwissenschaft" keine zwei ihrer Vertreter sich je auf ein Einteilungssystem der auf der Erde existierenden „Rassen" einigen konnten – was bei angeblich von der Natur vorgegebenen scharfen Grenzlinien zwischen ihnen eigentlich keine ernsthaften Schwierigkeiten bieten dürfte. Wie offen rassistische Wortführer jeden Anspruch auf eine diesbezügliche Folgerichtigkeit missachten können, wird wohl an wenigen Beispielen so anschaulich wie an dem des Wiener Bürgermeisters Karl Lueger (1844–1910), der eine maßgebliche Rolle beim Aufschwung des Antisemitismus seiner Zeit spielte und zugleich für den markigen Ausspruch bekannt war: „Wer a Jud ist, bestimm i!" – dass es also nicht an einer unabänderlichen Natur des Blutes, sondern an der Willkür der Macht liegt, wo die Grenzlinien zwischen dieser und anderen „Rassen" verlaufen würden.

Definition nach persönlichem Gutdünken

Kriterium Hautfarbe willkürlich eingesetzt

Am deutlichsten werden die inneren Ungereimtheiten des modernen Rassismus aber wohl an der geradezu surreal anmutenden Willkür, mit der er sein zentrales Zuordnungskriterium der Hautfarbe immer wieder eingesetzt hat. So kannte etwa die Geschichte der USA zwischen der Mitte des 19. und des 20. Jahrhunderts eine sehr zögerliche und schrittweise Aufnahme verschiedener Einwanderungsbevölkerungen (Iren, Juden, Italiener, Polen ...) in die Kategorie der „weißen" Amerikaner – was natürlich in keiner Weise mit einer Aufhellung ihrer Hautfarbe, sondern unverkennbar mit veränderten gesellschaftlichen Kräfteverhältnissen zusammenhing. Während so z.B. kaukasische Einwanderer und Einwanderinnen schließlich als „weiße" Amerikaner gelten konnten, werden Kaukasier freilich von vielen russischen Rassisten auch heute noch als „Schwarze" betrachtet. Umgekehrt konnten etwa vor dem Ersten Weltkrieg deutsche Kolonialideologen in Ostafrika die Gruppe der Tutsi trotz ihrer unübersehbar schwarzen Hautfarbe zu „wesensmäßig Weißen" (mit „arischen Wurzeln") erklären, da ihnen die Führung einer früheren Hochkultur zugeschrieben wurde (wozu Schwarze ja für grundsätzlich unfähig angesehen wurden).

Frage der Ideologie

Zerstörerischer Patriotismus

Für minderwertig erklärt. Geschichte eines engstirnigen und zerstörerischen Patriotismus

„Um 1900 – zur Zeit, als die modernen Nationalstaaten, die Kolonialreiche und der Imperialismus auf ihrem Höhepunkt sind – werden die von den europäischen Ländern und den USA beherrschten Völker für minderwertig erklärt, da sie unfähig seien, ein mit dem ihrer Beherrscher vergleichbares Niveau an ‚Zivilisation' zu erreichen. Gleichzeitig halten Politiker und Intellektuelle leidenschaftliche Reden auf die ‚Grösse' ihrer Nationen. [...] Nationalismus und die diesem Überlegenheitsgefühl eigenen Diskurse wuchern [...] mit nie dagewesener Intensität. Dies hat einerseits zur Legitimierung der Unterjochung der kolonialisierten Völker geführt, andererseits der Verunglimpfung oder gar Ausgrenzung von Gesellschaftsgruppen oder Personen, deren Erscheinungsbild oder Lebensweise nicht dem vorherrschenden Modell entsprachen, Tür und Tor geöffnet. Auf der Grundlage von sogenannten wissenschaftlichen Theorien – vor allem aus dem Bereich des Sozialdarwinismus – verbreiten sich rassistische, antisemitische und antifeministische Diskurse. Der Glaube an die Existenz einer Hierarchie unter den „Rassen" setzt sich auch bei seriösen Wissenschaftlern [...] durch. Die Staatsverwaltungen lassen sich ebenfalls bald von dieser Welle rassistischer Anschauungen überrollen."

Quelle: Jost 2011, 39 (Hans-Ulrich Jost ist Professor für Zeitgeschichte an der Universität Lausanne)

Josef Berghold und Kurt Messmer

U | UNTERRICHTSBEISPIEL 1

Eine historisch-politische Trainingseinheit: Rassismus im Alltag

Du erhältst vorerst eine Liste mit sechs Aussagen, die deutlich machen, wie Rassisten über sich und andere denken. Dazu bekommst du eine Sammlung von Text-, Bild- und (fotografierten) Sachquellen. Wie du diese Quellen und Materialien bearbeiten sollst, erfährst du hier:

So denken und sprechen Rassisten!

Lies vorerst aufmerksam den folgenden Text „So denken und sprechen Rassisten". Versuche, dir diese Punkte zu merken. Erläutere zu diesem Zweck selber die Aussage von drei dieser sechs Punkte deiner Banknachbarin/deinem Banknachbarn. Was ist gemeint? – Im Gegenzug soll deine Banknachbarin/dein Banknachbar die restlichen drei Punkte dir erläutern. Ihr könnt auch bereits nach Erklärungen suchen und Stellung nehmen zu diesen Aussagen. Zuerst geht es aber darum, festzustellen, wie Rassisten überhaupt denken, wie sie sich eine Weltgesellschaft vorstellen.

Arbeitsvorschlag 1

So denken und sprechen Rassisten:
1. Unterschiedliche körperliche Merkmale hätten bewiesen, dass es verschiedene „Rassen" gebe. Schwarze und Weiße hätten eben anderes Blut und andere Gene.
2. Schwarze und Weiße unterschieden sich daher auch geistig und moralisch. Weiße seien höherwertig, Schwarze minderwertig.
3. Es sei nichts anderes als logisch, dass sich die „Rassen" feindlich gesinnt seien und sich bekämpfen würden.
4. Eine höhere „Rasse" habe gegenüber einer niederen „Rasse" stets alle Vorrechte.
5. Höhere „Rassen" hätten das Recht, gegenüber niederen „Rassen" Gewalt anzuwenden, sie zu bedrohen und systematisch zu benachteiligen.
6. Höhere „Rassen" dürften sich mit niederen „Rassen" nicht vermischen, sonst würden sie verunreinigt und gingen schließlich unter.

Rassismus erkennen und benennen – mit der 3-Schritt-Regel

Wende dich jetzt den Arbeitsmaterialien M_1 bis M_9 zu. Wähle einige aus – oder bearbeite gleich alle. Halte bei der Bearbeitung der Quellen strikt die folgenden drei Schritte ein:

Arbeitsvorschlag 2

1. Was lese ich? / Was sehe ich? → Bestandsaufnahme
2. Was denke ich? → Interpretation
3. Was frage ich? → Einordnung/Klärung

Falls du noch wenig geübt bist mit solchen Fragen und falls es dir schwer fällt, die drei Fragen konsequent auseinanderzuhalten, dann kannst du so vorgehen:

a) Ihr schließt euch in Kleingruppen zusammen und versucht, gemeinsam zum Ziel zu kommen. Zwei oder drei Köpfe erreichen in der Regel mehr als einer.

b) Ihr bittet eure Lehrperson um ein konkretes Beispiel, das ihr in der ganzen Klasse besprecht. Danach geht die Einzel- oder Teamarbeit leichter voran.

Vorurteilsbeispiel Rassismus

Nachdenken über den Umgang mit Rassismus

Viele Materialien, mit denen du dich soeben auseinandergesetzt hast, vermitteln rassistische Vorstellungen. Hüte dich bei der Auseinandersetzung mit diesen Bildern und Texten davor, dass du plötzlich selber solche Vorstellungen übernimmst! Wenn das in deiner Klasse dennoch geschehen sollte, dann wehre dich dagegen! Es gibt ein bewährtes Mittel, um sich vor rassistischen Vorstellungen zu schützen: Stell dir einfach vor, du selber würdest so dargestellt wie jene Menschen. Versetze dich beim Betrachten der Bilder in die Lage der Verhöhnten, Verspotteten, Erniedrigten – dann erfährst du zumindest ein wenig, was diese Menschen erdulden müssen. Man muss sich immer wieder einfühlen, dann begreift man und stellt sich auf die Seite der Erniedrigten.

Aber es gibt auch die positive Seite! Nimm M_5, den „Bericht über Flugzeugentführung" von Reporter B. Oder M_{11}, den „Raster für Bewertung der menschenrechtlichen Atmosphäre an deiner Schule". Ein Dutzend Mal wird hier der Kampf aufgenommen für mehr Friede, Gerechtigkeit, Menschlichkeit – an deiner eigenen Schule. Du kannst etwas tun, etwas bewegen. Sei stark – für die Schwachen!

Arbeitsvorschlag 3

Rassismus im Alltag, in der Politik, in der Literatur, ...

Dir ist bei der vorangegangenen Arbeit klargeworden, wie Rassisten denken – ganz allgemein. Das ist eine wichtige Grundlage. Aber jetzt musst du noch einen Schritt weiter gehen. Es ist notwendig, rassistisches Denken im Alltag, im persönlichen Umfeld, wo auch immer, zu erkennen. Nur so kann man aktiv etwas dagegen unternehmen.

Bringe also jene Quellen, die du mit der 3-Schritt-Regel bearbeitet hast, mit dem Denken und Reden der Rassisten in Zusammenhang, wie du es in jenen sechs Punkten am Anfang erfahren hast. Welche der im ersten Arbeitsvorschlag genannten Punkte könnten zu diesen Bildern und Texten geführt haben?

QUELLEN UND MATERIALIEN	„SO DENKEN UND SPRECHEN RASSISTEN"
Arbeitsauftrag z. B. zu M_2: Die Reichen bereichern sich nach wie vor auf Kosten der Armen dieser Welt. Beim Warenaustausch verschlechtert sich das Verhältnis für die Entwicklungsländer noch immer. Sie müssen für die Waren der Industrieländer immer mehr bezahlen. Sie werden auf dem Weltmarkt ausgenützt.	Im Hintergrund dieser Entwicklung steht eine Denkweise, die zur rassistischen Aussage 4 führen kann: „Eine höhere ‚Rasse' hat gegenüber einer niederen ‚Rasse' stets alle Vorrechte." Aber auch die beiden folgenden rassistischen Aussagen könnten hier genannt werden: Aussage 3: „Es ist nichts anderes als logisch, dass sich die ‚Rassen' feindlich gesinnt sind und sich bekämpfen." Aussage 5: „Höhere ‚Rassen' haben das Recht, gegenüber niederen ‚Rassen' Gewalt anzuwenden, sie zu bedrohen und systematisch zu benachteiligen."

Arbeitsvorschlag 4

Gemeinsamkeiten rassistischer Darstellungen

Wie kann man die Bilder aus den Materialien ordnen? Wie können sie kombiniert werden? Welche Gemeinsamkeiten haben sie?

Hier ein Beispiel:
M_3, M_4 und M_8 haben gewisse Gemeinsamkeiten. Auf allen diesen Bildern werden Menschen schwarzer Hautfarbe entweder zeichnerisch verniedlicht (M_3) oder als dumm und primitiv hingestellt (M_4) oder als kindliches Opfer dargestellt (M_8).

Josef Berghold und Kurt Messmer

Wo beginnt Rassismus?
Was ist rassistisch, was gedankenlos? Was ist wie gefährlich? Wählt 3–5 Bilder aus und überlegt: Was ist daran rassistisch? Wenn ihr eure Ergebnisse anschließend in der Klasse austauscht, erfährt ihr Interessantes auch zu weiteren Bildern.

Arbeitsvorschlag 5

Hier ein Beispiel:
Wer Orangen mit einer Verpackung, wie sie in M_4 abgebildet ist, kauft, muss keineswegs zwangsläufig rassistisch sein. Dennoch sind solche Verpackungen unentschuldbar und müssten sofort verschwinden. Alltagsgegenstände wecken wohl am wenigsten Verdacht auf Rassismus, weil sie „doch schon immer" so daherkamen. Aber gerade mit dieser Vertrautheit ist eine besondere Gefahr verbunden. Ohne dass wir etwas „Böses" dabei denken, verfestigen sich solche Bilder im Alltag in unseren Köpfen und beeinflussen unbewusst unser Denken und Handeln. In einer Zeit, in der dem Outfit und der Verpackung immer größere Bedeutung zukommen, müssen wir besonders aufmerksam und hellhörig sein, auch oder gerade im Alltag, beim Einkaufen und Verwenden von Produkten. Das gilt auch für die Biermarke (M_7), obwohl der Kopf des „Mohren" mit einem Lorbeerkranz geschmückt ist.

Maßnahmen gegen Rassismus im Alltag
Was können wir im Alltag gegen Rassismus tun? Auf dem Schulhof? Auf der Straße? Im Bus? Im Sportverein? Schreibt eure Erfahrungen auf und überlegt,
a) wie ihr gehandelt habt,
b) wie ihr auch noch hättet reagieren können.

Arbeitsvorschlag 6

Bewertung der menschenrechtlichen Atmosphäre an deiner Schule
Bearbeitet einzeln oder in einem kleinen Team den Fragebogen M_{11}. Er stammt aus einer Broschüre des Europarates. Diskutiert im Anschluss an die Bewertung eure Ergebnisse in der Klasse.

Arbeitsvorschlag 7

Die Fragen in M_{11} wurden im Zusammenhang mit einer internationalen Abmachung zusammengestellt. Diese Vereinbarung ist die Europäische Menschenrechtskonvention. Wenn du im Bewertungsraster in Klammern Hinweise auf Artikel findest, so beziehen sie sich auf diese internationale Abmachung.

Besonders wichtig ist hier der Artikel 26 der Allgemeinen Erklärung der Menschenrechte. Hier heißt es: „Jedermann hat das Recht auf Bildung. Bildung soll auf die ganze menschliche Persönlichkeitsentfaltung und auf eine verstärkte Achtung der Menschenrechte und Grundfreiheiten gerichtet sein."

[Natürlich bedarf es zur Beurteilung der Situation an der eigenen Schule zusätzlicher Fragen. Eine umfassende Befragung der Schülerinnen und Schüler nach der Diskussion wird die Bewertung deshalb bereichern.]

LITERATUR

Boahen, Albert Adu: Afrika unter fremder Herrschaft, in: Geschichte Afrikas, UNESCO-Kurier 5/1984

Cavalli-Sforza, Luigi Luca: Gene, Völker und Sprachen. Die biologischen Grundlagen unserer Zivilisation. München 2001

Hug, Wolfgang et al. (Hg.): Unsere Geschichte, Band 3: Von der Zeit des Imperialismus bis zur Gegenwart. Frankfurt am Main 1986 (Diesterweg)

Jost, Hans-Ulrich: Geschichte eines engstirnigen und zerstörerischen Patriotismus, in: TANGRAM 27, Bulletin der Eidgenössischen Kommission gegen Rassismus EKR. Bern, Juni 2011, 35–39.

Lewontin, Richard: Confusions About Human Races. Is "Race" Real? Social Science Research Council 2006.

Renschler, Regula/Vermot, Ruth-Gaby: Unser täglicher Rassismus. hrsg. von Erklärung von Bern und Schulstelle 3. Welt. Bern o.J.

1   Zitate aus schweizerischen Publikationen wurden in Schweizer Rechtschreibung belassen.

Vorurteilsbeispiel Rassismus

WIRTSCHAFTSPOLITIK DURCH EINFUHRZÖLLE — M1

Die Grafik zeigt die Zölle der Europäischen Union auf Einfuhrprodukte aus Entwicklungsländern im Jahr 1997. Ist das nicht eigenartig? Drei Produkte werden eingeführt. Wenn Entwicklungsländer Kakaobohnen nach Europa liefern, erheben wir keinen Zoll. Liefern sie Kakaopulver, schlagen wir 4 % Zoll auf den Preis. Wenn die Kakaobohnen und das Kakaopulver in den Entwicklungsländern bereits zu Vollmilchschokolade verarbeitet wurde, schlägt die Europäische Union bis zu 23 % Zoll drauf und verteuert damit die Schokolade aus dem Süden massiv. Welche Logik steckt hinter diesen Einfuhrzöllen der Europäer?

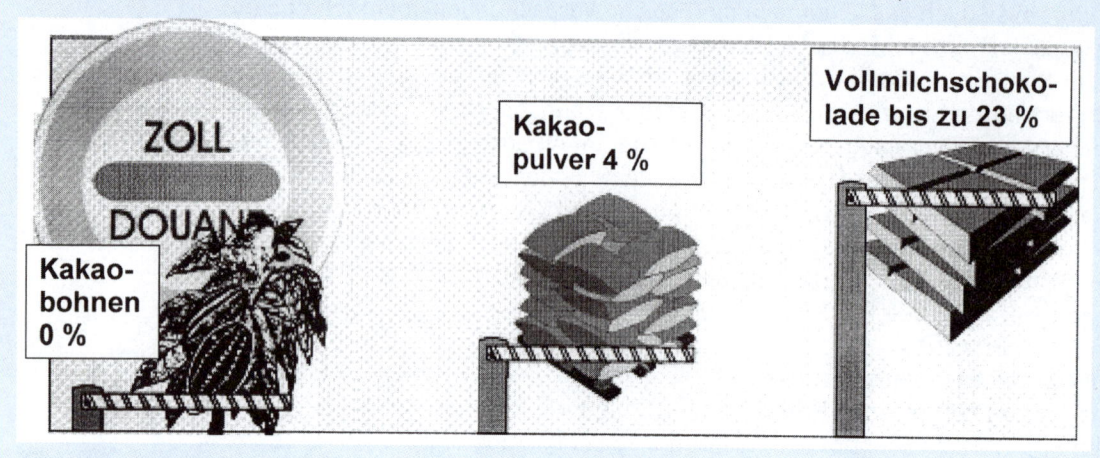

- Kakaobohnen 0 %
- Kakaopulver 4 %
- Vollmilchschokolade bis zu 23 %

Quelle: Bundesministerium der Finanzen, Bonn 1997, OWHH-Grafik: Tränkle+Immel

DER PREIS VON ERDÖL — M2

Was die Entwicklungsländer kaufen, bleibt gleich: Ein Fass Erdöl bleibt ein Fass Erdöl. Die Menge von 159 Litern wird weder größer noch kleiner. Was sich dagegen verändert, ist die Menge der Rohstoffe, welche die Entwicklungsländer dafür bezahlen müssen.

So viel mussten die Entwicklungsländer für ein Fass Erdöl (=159 l) ausführen

	1975	2000
Kaffee	7 kg	17 kg
Baumwolle	8 kg	26 kg
Jute	28 kg	43 kg
Kupfer	9 kg	16 kg

Quellen:
http://www.opec.org für die Ölpreise (30 US-Dollar pro Barrel)
http://www.cscm.com für die Kaffeepreise (1,78 US-Dollar pro Kilo)
http://filmeeinewelt.ch/deutsch/pagesnav/frames4E.htm?../pagesmov/56144.htm&VE (Film über Kaffee als Rohstoff und Spekulationsobjekt (1990/91))
http://www.baumwollboerse.de für die Baumwollpreise (1,17 US-Dollar pro Kilo)
http://www.fao.org für die Jutepreise (0,7 US-Dollar pro Kilo)
http://www.lmc.co.uk für die Kupferpreise (1,85 US-Dollar pro Kilo)
(alle Links: 15.12.2004)

Josef Berghold und Kurt Messmer

PAPIERUNTERSATZ FÜR EINE KAFFEETASSE — M3

Wer schaut schon genauer hin, was auf einem Papieruntersatz für eine Kaffeetasse steht oder gezeichnet ist?! – Was passiert jedoch, wenn eine solche Botschaft zu Tausenden auf Tischen und Tellern herumliegt, von Zehntausenden betrachtet wird, sei es flüchtig oder intensiv?! – Ist die junge Frau auf dem Papieruntersatz nicht recht sympathisch, fröhlich dargestellt? Aber aufgepasst: Was wird uns da für ein Bild von schwarzen Frauen vermittelt?

Quelle: Kurt Messmer. Untersatz für Kaffeetassen, noch heute verwendet; Kaffeerösterei Hochstrasser, Littau/Luzern, CH.

VERPACKUNGSMATERIAL — M4

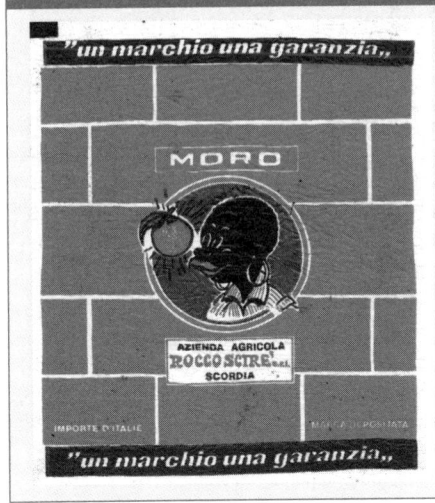

Hier ist die Verpackung von sogenannten Blutorangen abgebildet. Versuche dir das Gegenteil vorzustellen: In Afrika würde ein Produkt verkauft, das nicht „Moro" hieße, sondern „Blanco". Im Zentrum der Verpackung wäre als Bild der Kopf einer weißen Frau, die so dümmlich und primitiv dargestellt wäre, wie das hier der Fall ist.

Quelle: Kurt Messmer. Verpackung von Blutorangen aus Italien. Moro ist eine eingetragene Schutzmarke.

BERICHT ÜBER FLUGZEUGENTFÜHRUNG — M5

Eine Maschine der Air-Afrique ist in Genf entführt worden. Die näheren Umstände spielen hier keine Rolle. Interessant aber ist, dass man über das gleiche Ereignis ganz anders berichten kann, wie die folgenden originalen Zeitungstexte zeigen.

Reporter A berichtet:
„An Bord befanden sich laut Passagierliste 64 Franzosen, je zwei Engländer, Amerikaner und Belgier, je ein Venezolaner, Portugiese und ein Bundesdeutscher sowie rund 70 Angehörige verschiedener afrikanischer Staaten."

Reporter B berichtet:
„An Bord befanden sich 163 Passagiere, vorwiegend Afrikaner aus Zaire und Zentralafrika, sowie rund 60 Franzosen."

Quelle: Tagesanzeiger Zürich, 25.07.1987 (Reporter A, Agenturmeldung), sowie Tages-Anzeiger Magazin 33/1987 (Reporter B, Redaktor, Überarbeitung der Agenturmeldung)

Vorurteilsbeispiel Rassismus

KOLONIALISMUS IN GESCHICHTSBÜCHERN — M 6

[1938]

Die Grafik stammt aus dem „Volksbuch unserer Kolonien", Deutschland 1938. Vergleiche die Angaben zu M5. Von 1884 bis 1914 war ein sogenannter „Wettlauf um die letzten herrenlosen Gebiete der Erde" im Gang. Die europäischen Großmächte, allen voran England und Frankreich, teilten große Teile der Welt unter sich auf. Das krasseste Beispiel für diese Aufteilung war Afrika, wie dir ein Blick in einen Geschichtsatlas zeigt. Das Schaubild bringt zum Ausdruck, in welcher Rolle sich dabei die sogenannten „Mutterländer" sahen und welche Rolle den Kolonien zugedacht war – noch vor dem Zweiten Weltkrieg. Kannst du erklären, dass mit dieser Darstellung in einem „Volksbuch" geworben wurde, das im nationalsozialistischen Deutschland weite Verbreitung fand?

Quelle: Hug, Wolfgang et al. (Hg.): Unsere Geschichte, Band 3: Von der Zeit des Imperialismus bis zur Gegenwart. Frankfurt am Main 1986 (Diesterweg), 12, verweist auf: Boahen, Albert Adu: Afrika unter fremder Herrschaft, in: Geschichte Afrikas, UNESCO-Kurier 5/1984, 14f.

BIER-MARKE — M 7

Zu einer Reklame dieser Bier-Marke, etwa aus dem Jahr 2000, schrieb ein Schüler seinem Lehrer: „Vielleicht können Sie die Werbung für das ‚Mohren-Bier' in Ihrer interessanten und zum Nachdenken anregenden Werkstatt über versteckten Rassismus gebrauchen?" – Was meinte er wohl mit „verstecktem Rassismus"?

Quelle: Georg Heller

Josef Berghold und Kurt Messmer

SAMMELN „FÜR DIE ARMEN KINDER IN AFRIKA" — M 8

Hier siehst du eine sogenannte „Neger-Kasse" aus der Zeit um 1960. Zwischen etwa 1930 und 1980 waren in katholischen Gegenden der Schweiz zur Fastnachts- oder Faschingszeit Schulkinder mit schwarz bemalten Gesichtern und in „Negerkleidern" unterwegs. Sie sammelten Geld für die „Heidenkinder in Afrika". Im Schulzimmer waren sogenannte „Negerkassen" aufgestellt. Ein schwarzes Kind in weißem Gewand betete auf den Knien auf einer dunklen Kasse. Warf jemand eine Münze in den Schlitz vor dem „armen Negerkind", so nickte das „Negerli" eine Zeit lang dankend mit dem Kopf.

Quelle: Helvetas Partnerschaft CH 130/1992, 4f.

WEIHNACHTSGESCHICHTE — M 9

Eine Weihnachtsgeschichte von Karl Heinrich Waggerl (1897–1973), Schluss:

Warum der schwarze König Melchior so froh wurde
„Als Letzter in der Reihe trat Melchior zaghaft vor das Kind und warf sich zur Erde. Ach, hätte er jetzt nur ein kleines weißes Fleckchen zu zeigen gehabt oder wenigstens sein Innerstes nach außen kehren können! Er schlug die Hände vors Gesicht, voll Bangen, ob sich auch das Gotteskind vor ihm entsetzen würde. Weil er aber weiter kein Geschrei vernahm, wagte er ein wenig durch die Finger zu schielen, und wahrhaftig, er sah den holden Knaben lächeln und die Hände nach seinem Kraushaar ausstrecken. Über die Maßen glücklich war der schwarze König! Nie zuvor hatte er so großartig die Augen gerollt und die Zähne gebleckt von einem Ohr zum anderen. Melchior konnte nicht anders, er musste die Füße des Kindes umfassen und alle seine Zehen küssen, wie es im Mohrenlande der Brauch war. Als er aber die Hände wieder löste, sah er das Wunder – sie waren innen weiß geworden! Und seither haben alle Mohren helle Handflächen, geht nur hin und seht es und grüßt sie brüderlich."

Siehe diverse Ausgaben von Weihnachtslegenden bzw. Weihnachtsgeschichten von Karl Heinrich Waggerl, die trotz des unverhohlenen Rassismus im vorliegenden Text seit Langem zur klassischen Weihnachtsliteratur gehören. Waggerl wurde 1938 Mitglied der NSDAP.

DEFINITION VON RASSISMUS — M 10

Rassismus ist eine Irrlehre, die behauptet, es gäbe ungleichartige Menschengruppen. Diese Menschengruppen seien aber nicht bloß ungleichartig. Die angeblichen Unterschiede machten sie auch ungleichwertig, wird gesagt. Diese falsche Annahme wirkt sich katastrophal aus, denn damit werden die Menschen stets in zwei gegensätzliche Gruppen geteilt: hier die einen, die angeblich Höheren, Guten, die alle Vorzüge und alle Rechte besitzen – dort die anderen, die angeblich Niederen, Schlechten, die weder Vorzüge noch Rechte haben. Rassisten erkennt man daran, dass sie stets andere ausgrenzen. Die „anderen" sind das eine Mal Menschen anderer Hautfarbe oder Religion, das andere Mal Menschen anderer Herkunft oder Lebensweise usw. – Rassisten schließen aus statt ein.

Quelle: Kurt Messmer, 2011

Vorurteilsbeispiel Rassismus

RASTER FÜR BEWERTUNG DER MENSCHENRECHTLICHEN ATMOSPHÄRE AN DEINER SCHULE — M 11

Lies aufmerksam jede Aussage und trage dann links von der Aussage deine Bewertung ein (denke dabei an alle Mitglieder deiner Schule: Schüler und Schülerinnen, Lehrer und Lehrerinnen, Angestellte und Mitarbeitende in der Verwaltung und in anderen Bereichen). Rechne am Ende die Ergebnisse zusammen, um das Gesamtergebnis der Bewertung deiner Schule zu bestimmen.

Bewertungsmaßstab

1 → nein/nie   2 → selten   3 → oft   4 → ja/immer

Punkte	Frage	Sachverhalt
	1	Meine Schule ist ein Ort, an dem die Schülerinnen und Schüler sicher sind. (Artikel 2 & 3)
	2	Mitglieder meiner Schule werden nicht wegen ihrer persönlichen Lebensart, wie z. B. der Wahl ihrer Kleidung, ihrer Freunde oder ihrer außerschulischen Aktivitäten, benachteiligt. (Artikel 14; 12. Zusatzprotokoll)
	3	Meine Schule garantiert jedem gleichen Zugang, gleiche Mittel und gleiche Beteiligung. (Artikel 14; 12. Zusatzprotokoll)
	4	Die Mitglieder meiner Schule lehnen diskriminierende oder gemeine Handlungen oder Bemerkungen an unserer Schule ab. (Artikel 2, 9, Artikel 14; 12. Zusatzprotokoll)
	5	Wenn Probleme auftauchen, versuchen wir diese gewaltfrei und gemeinsam zu lösen. (Artikel 2, 3)
	6	Alle werden bei Angelegenheiten, die die Schulordnung und schulische Disziplin betreffen (vorübergehender Schulausschluss und Schulverweis inbegriffen), fair und unvoreingenommen behandelt. Dies betrifft sowohl die Feststellung ihrer Schuld als auch das ihnen auferlegte Strafmaß. (Artikel 6)
	7	Jemand der eines Fehlverhaltens beschuldigt wird, wird als unschuldig angesehen, bis seine Schuld bewiesen ist. (Artikel 6)
	8	Meine persönliche Sphäre und mein Eigentum werden geachtet. (Artikel 8; Artikel 1, 1. Zusatzprotokoll)
	9	Meine Schule heißt Schülerinnen und Schüler, Lehrpersonen und Angestellte unterschiedlicher Kulturen und Herkunft willkommen. (Artikel 1, 9, 10, 14; 12. Zusatzprotokoll)
	10	Die Mitglieder meiner Schule haben (als Einzelne und als Vereinigung) die Möglichkeit, sich an demokratischen, meinungsbildenden Vorgängen zu beteiligen, um die Schulpolitik und die Schulordnung zu entwickeln. (Artikel 11, Artikel 3, 1. Zusatzprotokoll)
	11	Mitglieder meiner Schule haben während des Schultags angemessene Pausen und eine vernünftige Anzahl von Arbeitsstunden sowie faire Arbeitsbedingungen. (Artikel 4)
	12	Ich übernehme in meiner Schule dafür Verantwortung, dass sich andere nicht diskriminierend verhalten, sondern sich so benehmen, dass es der Sicherheit und dem Wohlergehen von allen an unserer Schule förderlich ist. (Artikel 1 & 29)

Bestmögliche Atmosphäre = 48 Punkte

Bewertung meiner Schule: _____ Punkte

Siegfried Frech

U | UNTERRICHTSBEISPIEL 2

„Schule ohne Rassismus – Schule mit Courage"
Ein Programm, vorgestellt von Siegfried Frech

Hintergrundinformationen

Idee und Konzeption des Schulprogramms „Schule ohne Rassismus" wurden anlässlich des Anwachsens rechtsradikaler Parteien 1988 von Schülerinnen, Schülern, Jugendarbeitern und Jugendarbeiterinnen in Belgien entwickelt, um aktiv gegen Rassismus und Diskriminierung einzutreten. 1992 etablierte sich das Projekt in den Niederlanden. 1995 führte AktionCourage e.V.[1] das Projekt in Deutschland ein. Von hier aus sprang die Idee zuerst nach Österreich[2] über und sodann nach Spanien. Europaweit tragen mittlerweile mehr als 2.000 Schulen den Titel „SOR-SMC" („Schule ohne Rassismus – Schule mit Courage"), davon allein ca. 1.000 Schulen in Deutschland (Stand: 25.3.2011). Mit mehr als 500.000 Kindern und Jugendlichen, die solch eine Schule besuchen, existiert inzwischen ein beachtliches Schulnetzwerk.

Aktiv gegen Rassismus und Diskriminierung eintreten

Didaktische Zielsetzungen

Die „Schritte zu einer Schule ohne Rassismus" (vgl. die Anleitung für die Schüler und Schülerinnen S. 61) erläutern die Umsetzung einer schüler-, lebenswelt- und handlungsorientierten sowie (öffentlichkeits-)wirksamen Möglichkeit, wie sich eine Schulgemeinschaft eindeutig gegen Rassismus positionieren kann.[3] Die wichtigsten didaktischen Punkte lassen sich wie folgt beschreiben:

Umsetzung in einer Schulgemeinschaft

1. „Schule ohne Rassismus – Schule mit Courage" hat die gesamte Schulgemeinschaft im Blick und fördert durch die Annahme einer Selbstverpflichtung (siehe Infokasten „Selbstverständnis" für die Schülerinnen und Schüler) zivilcouragiertes Handeln und engagiertes Eintreten gegen jedwede Form von Rassismus.

Selbstverpflichtung der Jugendlichen

SELBSTVERSTÄNDNIS EINER SCHULE OHNE RASSISMUS – SCHULE MIT COURAGE

1. Ich werde mich dafür einsetzen, dass es zu einer zentralen Aufgabe meiner Schule wird, nachhaltige und langfristige Projekte, Aktivitäten und Initiativen zu entwickeln, um Diskriminierungen, insbesondere Rassismus, zu überwinden.

2. Wenn an meiner Schule Gewalt, diskriminierende Äußerungen oder Handlungen ausgeübt werden, wende ich mich dagegen und setze mich dafür ein, dass wir in einer offenen Auseinandersetzung mit diesem Problem gemeinsame Wege finden, uns zukünftig gegenseitig zu achten.

3. Ich setze mich dafür ein, dass an meiner Schule einmal pro Jahr ein Projekt zum Thema Diskriminierungen durchgeführt wird, um langfristig gegen jegliche Form von Diskriminierung, insbesondere Rassismus, vorzugehen.

2. Aufgrund der besonderen Situation einer jeden Schule verzichtet das Projekt auf ein verbindliches Arbeitsprogramm. Schülerinnen und Schüler benennen und bearbeiten Themen und Fragestellungen, die sie persönlich interessieren bzw. im sozialen Umfeld betreffen und die sie mit der Wahrung von Menschenrechten verbinden (vgl. Kleff/Seidel 2004, 154f.).

Persönlicher Bezug

3. Will eine Schule eine „Schule ohne Rassismus – Schule mit Courage" werden, bedarf es zunächst der Initiative der Schülerinnen und Schüler, im Sinne der Selbstver-

Eigeninitiative und Vernetzung

„Schule ohne Rassismus – Schule mit Courage"

pflichtung aktiv zu werden. Die Bundeskoordination des Programmes sowie Landeskoordinationsstellen unterstützen interessierte Schulen bei ihrem Vorhaben, organisieren schulübergreifende Veranstaltungen sowie den Erfahrungsaustausch der Schulen untereinander.[4]

Schulinterne Kooperation 4. „Schule ohne Rassismus – Schule mit Courage" ermuntert die Schülerschaft zur engen Kooperation mit den Lehrerinnen, Lehrern sowie anderen Mitarbeiterinnen und Mitarbeitern der Schule. Sie sollen die engagierten Schülerinnen und Schüler unterstützen und ihnen Freiräume zu eigenverantwortlichem Handeln eröffnen. Die wohlwollende – und gelegentlich auch tatkräftige – Unterstützung durch Lehrerinnen und Lehrer ist für das Gelingen des Vorhabens unverzichtbar.

Die konkrete Umsetzung des Projektes ergibt sich aus der Schrittfolge der Arbeitsanleitung „Schritte zu einer Schule ohne Rassismus" (vgl. Kleff/Seidel 2004, 156–157).

LITERATUR

Frech, Siegfried/Posselt, Ralf-Erik: Rechtsextremismus zum Thema machen, in: Brinkmann, Heinz-Ulrich/Frech, Siegfried/Posselt, Ralf-Erik (Hg.): Gewalt zum Thema machen. Gewaltprävention mit Kindern und Jugendlichen. 2. aktualisierte Auflage, Bonn 2011, 230–242

Kleff, Sanem/Seidel, Eberhard: Schule ohne Rassismus – Schule mit Courage, in: Meyer, Gerd/Dovermann, Ulrich/Frech, Siegfried/Gugel, Günther (Hg.): Zivilcourage lernen. Analysen – Modelle – Arbeitshilfen. Bonn–Stuttgart–Tübingen 2004, 154–158

1   Für weitere Informationen, didaktische Hinweise und Arbeitsmaterialien vgl. www.schule-ohne-rassismus.org
2   Für weitere Informationen, Seminarangebote und Unterrichtsprojekte vgl. www.asyl.at/schule/sor.htm (25.8.2011)
3   Zu den didaktischen Zielsetzungen vgl. Frech/Posselt 2011, 240–241.
4   Vgl. die Internetadressen in Anmerkungen 1 und 2.

Siegfried Frech

ARBEITSANLEITUNG: SCHRITTE ZU EINER SCHULE OHNE RASSISMUS

Wie geht's los?

1. Als Erstes solltet ihr euch über das Projekt „Schule ohne Rassismus – Schule mit Courage" informieren (Webseiten dazu: www.schule-ohne-rassismus.org und www.asyl.at/schule/sor.htm)

2. Findet unter euren Mitschülerinnen und Mitschülern Partner und Freunde, um ein Team zu bilden. Dann könnt ihr eine Schüler- und Schülerinnen-Initiative gründen, die das Projekt an eurer Schule bekannt macht. Aus der Erfahrung von anderen Schulen empfehlen wir euch, eine Gruppe von mindestens vier bis fünf Schülern und Schülerinnen zu bilden. Mit mehreren gemeinsam macht es meistens mehr Spaß als alleine.

Was folgt dann?

3. Um das Projekt bekannt zu machen, ist es wichtig, in den anderen Klassen für die Idee zu werben. Dazu bieten sich viele Möglichkeiten an:
   → zum Beispiel mit Freunden, Freundinnen und Bekannten reden,
   → ein Hinweis am Infobrett oder in der Schülerzeitung,
   → gebt Informationen an die Schülermitverantwortung (SMV) bzw. die Schülervertretung weiter
   → oder auf einem Schulfest.

   Eurer Phantasie sind keine Grenzen gesetzt!

   In dieser Phase ist es sinnvoll (eventuell gemeinsam mit der SMV/Schülervertretung), mit den Lehrern und Lehrerinnen zu reden, damit sie das Projekt unterstützen. Ihr könntet das Projekt zum Beispiel im Unterricht vorstellen.

4. Wenn das Projekt an eurer Schule durch eure Aktivitäten bekannt geworden ist, könnt ihr mit dem Sammeln von Unterschriften beginnen. Denn für die Auszeichnung als „Schule ohne Rassismus – Schule mit Courage" braucht ihr die Unterschriften von mindestens 70 Prozent aller Personen, die an der Schule sind. Also von denen, die dort lernen, lehren und arbeiten (Schülerinnen und Schüler, Lehrerinnen und Lehrer, Reinigungskräfte, Hausmeister usw.).

5. Jetzt könnt ihr euch einen Paten oder eine Patin suchen und die Vorbereitung für die Auszeichnung treffen. Das kann zum Beispiel eine Person aus dem Bereich der Medien, der Kunst, der Politik, der Wirtschaft oder des Sports sein, oder auch jemand anderer.

6. In einem feierlichen Festakt wird eurer Schule der Titel „Schule ohne Rassismus – Schule mit Courage" verliehen und ein Schild überreicht, das ihr an eurer Schule anbringen könnt.

Wie geht's weiter?

Jetzt gehen die Aktivitäten eigentlich erst richtig los!

7. Als ausgezeichnete Schule wollt ihr selbst Ideen und Projekte zur Auseinandersetzung mit Rassismus entwickeln und Diskriminierungen in einer offenen Auseinandersetzung entgegentreten. Einige Beispiele von Aktivitäten an „Schulen ohne Rassismus – Schulen mit Courage" sind
   → Veranstaltung von Projektwochen,
   → die Gestaltung von Ausstellungen und die
   → Produktion von Szenen oder ganzen Theaterstücken oder z.B. von Hörspielen zum Thema Rassismus.

Lasst eurer Phantasie freien Lauf …

"Schule ohne Rassismus – Schule mit Courage"

IDEENSAMMLUNG ZU EINER SCHULE OHNE RASSISMUS

ANREGUNGEN FÜR DIE UNTERRICHTSPRAXIS

Siegfried Frech und Dietmar Larcher

Vorurteilsbeispiel Fremdenfeindlichkeit

Vorbemerkungen

Die faktische Entwicklung vieler europäischer Staaten zu Einwanderungsgesellschaften hat einen Zustand kultureller Vielfalt produziert, den es noch zu denken gilt, während wir ihn längst leben. Migration und Integration sind emotional hochgradig besetzte Themen (vgl. Frech/Meier-Braun 2007). Die Debatte über Menschen mit Migrationshintergrund wird vereinfachend geführt und verstellt eine unvoreingenommene Sicht auf die positiven Seiten gelungener Integration. Alltägliche Beobachtungen reichen aus, um festzustellen, dass vermehrte Kontaktmöglichkeiten zwischen Angehörigen verschiedener Kulturen nicht automatisch zu einem besseren gegenseitigen Verständnis führen. Der Politiker Peter Glotz hat diesen Zustand einmal äußerst zutreffend charakterisiert: Eine multiethnische Gesellschaft könne nicht „auf der naiven Hoffnung aufgebaut werden, dass die deutsche Arbeiterschaft Hammelfleisch lieben lernt und die französische Bourgeoisie sich für die Kultur des Maghreb begeistert" (Glotz 1989). Wird das „Ausländerthema" dann noch in den Medien populistisch instrumentalisiert, führt dies zu Akzeptanzproblemen gegenüber Migrantinnen und Migranten. Angst vor scheinbarer Überfremdung, vor Arbeitsplatzverlust und relativer Benachteiligung sind beliebte Schreckensszenarien, die noch immer die Tagesordnung – nicht nur der Stammtische – bestimmen (vgl. Butterwegge 2007).

Kulturelle Vielfalt Realität, aber nicht akzeptiert

Populistische Instrumentalisierung

Fremdenfeindlichkeit

Fremdenfeindlichkeit (Xenophobie) wurde lange Zeit im „Lager" der extremen Rechten verortet. Von dieser Vorstellung müssen wir – angesichts aktueller Daten und Vorfälle – Abschied nehmen. Fremdenfeindlich motivierte Gewalttaten zeigen, dass die Akzeptanz gegenüber Menschen aus fremden Kulturen empfindlich niedrig geworden ist und in Intoleranz und offene Ablehnung umschlagen kann. Im Alltagsleben unserer Gesellschaft offenbaren sich unter der (dünnen) zivilisatorischen Decke offene Vorurteile und latente Gewaltbereitschaft gegen ethnische Minderheiten. Befragungen unter Jugendlichen und Erwachsenen machen deutlich, dass eine fremdenfeindliche Grundstimmung in weiten Teilen der Bevölkerung von tief verwurzelten Vorurteilen gespeist wird, die in Sozialisations- und Erziehungsprozessen erworben wurden (vgl. Ahlheim 2007). Ein beträchtlicher Teil dieser Lernprozesse spielt sich mehr unbewusst und handelnd als reflektierend ab (vgl. Erdheim 1992).

Fremdenfeindlichkeit breitet sich aus

Studien aus dem Feld der Politischen Psychologie belegen den Zusammenhang zwischen unreflektierten, rigiden Denkmustern und einer Anfälligkeit für fremdenfeindliche Einstellungen. Diese gehen einher mit einem Weltbild, das mit scheinbar naturgegebenen Dichotomien zwischen „oben" und „unten", „stark" und „schwach", letztlich „gut" und „böse" unterscheidet (vgl. Ahlheim 2007, 10–107). Fremdenfeindlichkeit und Autoritarismus gehören eng zusammen (vgl. Adorno 1995). Unterordnung unter Stärkere paart sich häufig mit dem psychologischen Mechanismus, Schwächere, Außen-

Fremdenfeindlichkeit und Autoritarismus

Vorurteilsbeispiel Fremdenfeindlichkeit

seiter und Fremde als vermeintliche Verursacher von persönlichen und/oder gesellschaftlichen Problemen zu erklären, sie zu Sündenböcken zu machen.

Ideologie der Ungleichheit

Diese „Ideologie der Ungleichheit" (vgl. Heitmeyer 1987) umfasst ausgeprägte Fremdenfeindlichkeit, Rassismus und den sogenannten Wohlstandschauvinismus. Fremdenfeindlichkeit bewertet die Eigenschaften der eigenen „Volksgruppe" besonders hoch und tendiert dazu, fremde Ethnien zu benachteiligen, auszugrenzen und abzuwerten. Rassismus übersteigert nicht nur die Attribute der eigenen Bevölkerung, sondern spricht fremden Gruppen aufgrund einer unterstellten rassischen bzw. ethnischen Ungleichheit universell gültige Menschen-, Freiheits- und Gleichheitsrechte ab. Eine weitere Spielart von Fremdenfeindlichkeit ist der Wohlstandschauvinismus, der Fremden im eigenen Land gesellschaftliche Rechte und ökonomische Teilhabechancen verwehren will. Ausschlaggebendes Motiv ist die Furcht bestimmter Bevölkerungsteile, ihren Wohlstand mit Fremden teilen zu müssen und somit an Lebensqualität zu verlieren (vgl. Held 2008).

Einfache Erklärungsmuster

Die „Faszination" fremdenfeindlicher Einstellungen erklärt sich nicht zuletzt dadurch, dass die Gesellschaft „naturalisiert" wird: Die scharfe Abgrenzung gegen andere Nationalitäten und die Identifikation mit der eigenen Bevölkerung sind Grundmuster einer Ideologie, die ihre Begründung aus dem Glauben an die Natürlichkeit solcher Prinzipien bezieht. Die Attraktivität besteht in der Quasi-Natürlichkeit des Weltbildes, in den einfachen, klaren und überschaubaren Glaubenssätzen, die eine Deutung der Wirklichkeit ohne Wenn und Aber ermöglichen. Damit liefert dieses Einstellungsmuster einen scheinbaren Ausweg aus der Unübersichtlichkeit und Komplexität moderner Gesellschaften.

UNTERRICHTSBEISPIEL 1

NEIN zu Stammtischparolen! – Ein Argumentationstraining

Argumentationstraining – Idee und Konzeption

Selbstsicherheitstraining und Bildung

Idee und Konzeption des „Argumentationstrainings gegen Stammtischparolen" gehen auf Klaus-Peter Hufer, Fachbereichsleiter für Geistes- und Sozialwissenschaften der Kreisvolkshochschule Viersen und Dozent an den Universitäten Bochum und Essen, zurück. Sein Buch dazu (2001) versteht sich ausdrücklich als Anleitung für die Bildungsarbeit und kann als „Steinbruch" verwendet werden, um je nach Alter und Erwartungen der Teilnehmenden sowie geplanter Dauer des Trainings Sequenzen auszuwählen. Diese Trainings, die sich inzwischen in der Bildungslandschaft etabliert haben, waren vor mehr als 15 Jahren ein erster Versuch, Rhetorik, Selbstsicherheitstraining und (politische) Bildung miteinander zu verbinden.

Zivilcourage trainierbar

Die Grundannahme dieser projektorientierten Lernform ist, dass Methoden konstruktiver Konfliktbearbeitung und zivilcouragiertes Verhalten trainiert werden können (vgl. Frech/Gugel 2004). Selbstsicherheit und die prompte Verfügbarkeit angemessener Argumente sind erlernbar, d.h., je öfter eine Person sich in einer Situation befunden hat, in der sie aktiv einschreiten und schwierige Dialoge meistern konnte, desto größer ist die Wahrscheinlichkeit, dass Selbstsicherheit und Handlungsroutine zunehmen. Dargestellt wird im Folgenden die schülergerechte Variante eines Argumentationstrainings.

Siegfried Frech und Dietmar Larcher

Didaktische Zielsetzungen

Eine streng asketische und intellektuell geprägte Bildungsarbeit ist im Rahmen solcher Trainings fehl am Platze. Im Mittelpunkt stehen vielmehr die Schülerinnen und Schüler, ihre biographischen Erfahrungen, Erwartungen und Kompetenzen, die sie mitbringen bzw. fördern wollen.

Biographischer Zugang

Ein Argumentationstraining gegen Stammtischparolen verfolgt mehrere (Lern-)Ziele: Die Schülerinnen und Schüler erfahren eigene Stärken und erkennen ihre Grenzen in verbalen Konfrontationen, d.h., ein solches Training will zu zivilcouragiertem Verhalten anregen, Hilfen für sinnvolles Argumentieren geben, aber auch Grenzen verbaler Erwiderungen aufzeigen.
Mithin geht es um den Erwerb kommunikativer Kompetenzen.
Zugleich erhalten die Schülerinnen und Schüler Sachwissen und Informationen, um Stammtischparolen inhaltlich angemessen hinterfragen zu können.

Lernziele

Das Training eignet sich für Jugendliche und junge Erwachsene, die aufgrund ihrer Erfahrungen mit Stammtischparolen in der Familie, in der Schule oder im Freundeskreis ein grundsätzliches Interesse am Erlernen und Anwenden möglicher Handlungsstrategien haben. Als ideale Adressatengruppe erwiesen haben sich Schülerinnen und Schüler ab 14 Jahren bzw. Jugendliche und junge Erwachsene, die in lokalen Initiativen gegen Fremdenfeindlichkeit und Rechtsextremismus engagiert sind.

Zielgruppe ab 14 Jahren

In der Schule sollte ein Argumentationstraining im Rahmen von Projektwochen oder Projekttagen angeboten werden. Nach langjähriger Erfahrung wird davon abgeraten, ein Argumentationstraining in Kursform – etwa im Laufe mehrerer Unterrichtsstunden – durchzuführen. Solche Workshops leben vielmehr von Gruppenprozessen, die sich erst im Laufe des Trainings entwickeln. Ideal ist es, zwei bis drei Tage für die Durchführung zu veranschlagen.

2 bis 3 Projekttage

Der Verlauf eines Argumentationstrainings

WAS IST EIN ARGUMENTATIONSTRAINING? K1

„Ein Argumentationstraining ist eine Art Werkstatt, ein Labor, eine offene Lernsituation. Das Lernen geschieht hier nicht durch Belehrung, sondern durch das gemeinsame Üben und die spielerische Auseinandersetzung der Beteiligten mit der Realität. Hier bekommt man auch – aber keineswegs nur – Wissen geliefert, vorrangig erfährt man Neues durch das Ausprobieren und gemeinsame Nachdenken. Der Prozess bestimmt den Lernweg und das Lernergebnis und an diesem Prozess sind alle beteiligt. [...] Beim Argumentationstraining werden [...] Schlagwörter und Parolen auf ihre emotionale Basis und Wirkung und sachliche Angemessenheit hin überprüft und eventuelle Gegenstrategien erprobt."

Aus: Hufer, Klaus-Peter: Argumentationstraining gegen Stammtischparolen. Materialien und Anleitungen für Bildungsarbeit und Selbstlernen. Schwalbach/Ts. 2001, 10ff.

Der Einstieg

Nach der Begrüßung und kurzen Erläuterung formaler Gepflogenheiten (z.B. Projektverlauf und Projektzeiten) werden als Einstieg zunächst Partnerinterviews durchgeführt. Bei den Interviewfragen wird Wert darauf gelegt, die vorhandenen Einstellungen zum Thema („Warum und wo bin ich mit Stammtischparolen konfrontiert worden?"), die Motive der Teilnahme und die Erwartungen zu ermitteln.

Partnerinterviews

Nach der wechselseitigen Vorstellung im Plenum ist es empfehlenswert, den „Charakter" eines Argumentationstrainings (vgl. K1 oben) sowie die Rolle der Lehrpersonen zu

Workshop-Charakter

Vorurteilsbeispiel Fremdenfeindlichkeit

definieren. Für das Gelingen ist es unverzichtbar, die Schülerinnen und Schüler auf ihren aktiven Part hinzuweisen und den Workshop-Charakter zu verdeutlichen. Die didaktische Grundstruktur des Trainings lebt wesentlich vom Gruppenprozess, von den Interessen und inhaltlichen Schwerpunktsetzungen der Schülerinnen und Schüler. Den Lehrenden kommt die Aufgabe der Moderation und gegebenenfalls der „sanften" Lenkung zu (vgl. K_2).

AUFGABEN DER MODERATION — K2

1. Es gibt in diesem Argumentationstraining keine „Belehrung".
2. Prozess und Inhalt hängen ganz entscheidend von euren Aktivitäten ab.
3. Ihr erarbeitet die Ergebnisse, wobei diese offen und ungewiss sind.
4. Wir sind uns einig, dass wir uns nicht immer einig sein müssen.
5. Die Moderatorin/der Moderator steuert als „Begleiter/Begleiterin" und „Lotse/Lotsin" die einzelnen Schritte des Trainings.

Nach: Hufer, Klaus-Peter: Argumentationstraining gegen Stammtischparolen. Materialien und Anleitungen für Bildungsarbeit und Selbstlernen. Schwalbach/Ts. 2001, 23.

Sammeln von Stammtischparolen

Brainstorming — In dieser Phase, die gemeinhin mit der umgangssprachlichen Formulierung umschrieben wird, nun „endlich die Sau rauslassen zu können", werden die Schülerinnen und Schüler gebeten, im Brainstorming-Verfahren Stammtischparolen zu nennen. Damit diese Sequenz in einer störungsfreien und offenen Atmosphäre verlaufen kann, ist die Verständigung auf einige Grundregeln (vgl. K_3) notwendig.

REGELN FÜR DAS BRAINSTORMING-VERFAHREN — K3

Die vorzugebenden Regeln lauten:
1. Alle sind gleichberechtigt, sich zu äußern.
2. Die Äußerungen sollen knapp und kurz sein.
3. Keine Äußerung darf kritisiert werden.
4. Nachfragen sind (zunächst) nicht erlaubt.
5. Niemand braucht sich für seine Beiträge zu entschuldigen.

Nach: Hufer, Klaus-Peter: Argumentationstraining gegen Stammtischparolen. Materialien und Anleitungen für Bildungsarbeit und Selbstlernen. Schwalbach/Ts. 2001, 28.

Plenum, Wandzeitung — Die einzelnen Parolen werden für alle gut lesbar auf Metaplankarten geschrieben, nach einer ca. halbstündigen Sammelphase laut vorgelesen, unter Umständen aufgrund von Nachfragen aus dem Plenum erläutert, sodann nach thematischen Schwerpunkten geordnet und auf eine Wandzeitung aufgeklebt.

Bilanz der Sammelphase — Die Bilanz dieser Sammelphase ist eine brisante Gemengelage gängiger Vorurteile und Klischees, oftmals gepaart mit Parolen, die eine gehörige Portion Politik- und Parteienverdrossenheit enthalten. In den Parolen spiegelt sich der „Zeitgeist" und Ungeist der hinlänglich bekannten rechtsradikalen, fremdenfeindlichen und rassistischen, nationalistischen, frauenfeindlichen und sexistischen Stammtischparolen wider.

Inhaltliche Auseinandersetzung: Kennzeichen von Stammtischparolen

Kreisgespräch — Im Anschluss werden in einem Kreisgespräch erste Kennzeichen und Gemeinsamkeiten der Parolen und die Frage erörtert, warum es so schwer fällt, sich mit diesen Parolen „vernünftig" auseinanderzusetzen (vgl. K_4 auf S. 67).

Siegfried Frech und Dietmar Larcher

WARUM IST ES SO SCHWIERIG, SICH MIT STAMMTISCHPAROLEN AUSEINANDERZUSETZEN? — K 4

Die Kennzeichen von „Stammtischparolen" sind
→ ihre verkürzte Sicht
→ schlagwortartige Zuspitzung
→ Verallgemeinerung
→ Heftigkeit
→ Plattheit
→ Plumpheit
→ Aggressivität
→ ihr absoluter Anspruch
→ die Abwertung von Andersdenkenden und Andersaussehenden

Die Schwierigkeit im Umgang mit ihnen besteht in
→ ihrem aufgeladenen emotionalen Gehalt
→ der hinter ihnen stehenden Gewalt
→ der Angst, die sie auslösen und verursachen
→ der Erregung (und der Wut), die man selbst verspürt
→ der Schwierigkeit, schnell die passenden Argumente zu finden
→ ihrem Ausschließlichkeitsanspruch, mit dem sie vorgetragen werden

Die wiedergegebenen Kennzeichen stellen lediglich eine Auswahl dar; vgl. Hufer, Klaus-Peter: Argumentationstraining gegen Stammtischparolen. Materialien und Anleitungen für Bildungsarbeit und Selbstlernen. Schwalbach/Ts. 2001, 26.

BEOBACHTUNGSAUFGABEN — K 5

1. Welche Argumente und Gegenargumente fallen?
2. Welche Gefühle kann man erkennen?
3. Welche Beziehungen sind zwischen den Beteiligten erkennbar?
4. Wie sind Körpersprache und Mimik?

AUSWERTUNGSFRAGEN — K 6

Emotionale Ebene:
→ Welche Gefühle, Stimmungen konntet ihr erkennen?
→ Bei wem traten sie wie auf?
→ Kamen Aggressionen auf?
→ Konnten sie verhindert werden?
→ Wie war das Verhältnis der beiden „Spielgruppen" untereinander?

Rhetorische Ebene:
→ Wo konnten sich Argumente oder Gegenargumente durchsetzen?
→ Wann und wie wurden sie abgeblockt?
→ An welchen Stellen hätte man etwas anders/besser machen können?
→ Welche körpersprachlichen Zeichen waren erkennbar?

Inhaltliche Ebene:
→ Welche Argumente wurden vorgetragen?
→ Welche waren gut?
→ Bei welchen konnte nichts Wirkungsvolles erwidert werden?
→ Was hätte man hier sagen können?
→ Welches Argument fehlte?

Nach: Hufer, Klaus-Peter: Argumentationstraining gegen Stammtischparolen. Materialien und Anleitungen für Bildungsarbeit und Selbstlernen. Schwalbach/Ts. 2001, 43ff.

Vorurteilsbeispiel Fremdenfeindlichkeit

„Hitliste" gibt Hinweis auf Interessen

Auswahl von Parolen für die Weiterarbeit

Die Schülerinnen und Schüler treffen vor den Rollenspielen zunächst eine Auswahl und markieren an der Wandzeitung mit Klebepunkten diejenigen Parolen, die sie am meisten interessieren und mit welchen sie sich im weiteren Verlauf beschäftigen möchten. Jeder/jede hat die Möglichkeit, drei bzw. fünf Punkte zu vergeben – und zwar entweder verteilt auf die Parolen oder „kumuliert" auf eine oder zwei Parolen. So entsteht eine „Hitliste", die einen Rückschluss auf die Interessenlage der Schülergruppe erlaubt und die inhaltlichen Schwerpunkte des weiteren Verlaufs bestimmt.

Simulation eines Stammtisches

Rollenspiele und Auswertung

Nach einer kurzen Einführung in die Methode des Rollenspiels simulieren die Schülerinnen und Schüler einen „typischen" Stammtisch. Das nachfolgende Verfahren hat sich in der Praxis bewährt: Sechs Schülerinnen bzw. Schüler führen die Diskussion, wobei drei die Apologeten und Apologetinnen der Parole und drei deren Widersacherinnen und Widersacher darstellen. Die einen vertreten also die Tendenz des ausgewählten Spruchs, die anderen halten dagegen. Die übrigen Schülerinnen und Schüler werden als Beobachtende und Protokollierende in das Geschehen involviert. Sie sitzen im Kreis um die Diskutierenden und werden gebeten, ihre Wahrnehmungen unter den in K5 (S. 67) angeführten Gesichtspunkten mitzuschreiben.

Mitteilung der Beobachtungen

Nach dem Rollenspiel werden zuerst die „Stammtischbesucher" gebeten, ihre Eindrücke, Stimmungen und Gefühlslagen zu schildern. Anschließend können die Beobachter und Beobachterinnen des „Außenkreises" ihre Beobachtungen und Mitschriften darlegen. In diesem Plenumsgespräch bietet sich eine inhaltliche Vorgabe als Gesprächsleitfaden an. Gesucht werden erste Antworten auf die in K6 (S. 67) aufgelisteten Fragen, die – auf Folie oder als Wandzeitung präsentiert – einen Leitfaden ergeben.

Inhaltliche Beschäftigung mit den Parolen

Inhaltliche Auseinandersetzung und Sammeln von Gegenargumenten

In dieser Sequenz erfolgt die intensive Auseinandersetzung mit den Inhalten der Parolen, den im Rollenspiel genannten Argumenten und politisch gebotenen Gegenargumenten. Gerade weil es zu Nachfragen kommt, wie dieses oder jenes Argument zu bewerten sei, welche Fakten denn nun richtig seien und was man bestimmten Aussagen entgegensetzen könne, ist eine inhaltliche Beschäftigung mit den Parolen nunmehr angezeigt. Spätestens im Anschluss an die Rollenspiele wird nämlich klar, dass Argumentieren die Kenntnis von Sachwissen voraussetzt!

STAMMTISCHPAROLEN UND GEGENARGUMENTE — K7

Parole: „Ausländer nehmen uns die Arbeitsplätze weg"
Gegenargument: Ohne die ausländischen Arbeitnehmerinnen und Arbeitnehmer würden viele Wirtschaftszweige wie z.B. die Gastronomie an noch größerem Personalmangel leiden. Fast 290.000 Ausländerinnen und Ausländer sind in Deutschland selbstständig. Sie haben in ihren Betrieben ca. 130.000 Arbeitsplätze geschaffen. Mehr als 1,5 Millionen Menschen sind bei ausländischen Unternehmen beschäftigt. Die Arbeitslosenquote der ausländischen Bevölkerung ist höher als bei den Deutschen (2009: 12,1%). Welche Arbeitsplätze haben sie weggenommen?

Parole: „Ausländer raus"
Gegenargument: Ohne die ausländischen Kolleginnen und Kollegen wären ganze Wirtschaftszweige von heute auf morgen bankrott. Vor allem der Kranken- und Pflegedienst, die Baubranche und das Hotel- und Gaststättengewerbe. Zudem sind inzwischen ganze Industriezweige auf ausländische Fachkräfte angewiesen, um international konkurrenzfähig bleiben zu können. Der künftige Bedarf an qualifizierten Fachkräften aus dem Ausland wird auf über 500.000 Menschen pro Jahr geschätzt.

Text: Siegfried Frech

Siegfried Frech und Dietmar Larcher

Die Schülerinnen und Schüler arbeiten in der Folge in Kleingruppen und versuchen, mit bereitgestellten Materialien Gegenargumente für Stammtischparolen zu finden. Diese Gegenargumente werden in prägnanten Sätzen schriftlich festgehalten und sind die Grundlage für die im späteren Verlauf erneut stattfindenden Rollenspiele (vgl. K7 (auf S. 68).

Kleingruppenarbeit

Für die Moderatoren und Moderatorinnen bedeutet dies, dass sie einen erheblichen Fundus an Materialien bereitstellen und möglichst viele Themen (Ausländerpolitik, Sozialpolitik und Sozialabbau, Arbeitslosigkeit, Politikverdrossenheit, Sexismus, Fremdenfeindlichkeit und Rassismus, Nationalsozialismus, Rechtsextremismus) abdecken müssen. Eine umfangreiche (und vor allem frühzeitig beginnende) Sammlung von diversen Handbüchern, Arbeitsheften, statistischen Unterlagen, Texten und Materialien ist daher sinnvoll. Bewährt haben sich die nachfolgenden Bücher und Handreichungen: Ahlheim/Heger 2001; Benz 2000; Hufer 2006; Lanig/Schweizer 2003; Tiedemann 2001; Gloel/Gützlaff 2005.

Viele Materialien

Gegenstrategien/Gesprächstechniken

Das zentrale Interesse gilt den Gegenstrategien und der Frage, wie man sich in Situationen der verbalen Eskalation verhalten soll. Schülerinnen und Schüler fragen häufig nach konkreten und praktischen Tipps. Unter der Überschrift „Schlagfertigkeit, Überzeugungskraft, Durchsetzungsfähigkeit" kann Schülerinnen und Schülern eine Einführung in elementare rhetorische Kenntnisse, die sie in Übungen (vgl. K8) unmittelbar anwenden und ausprobieren können, geboten werden. In aller Regel kommen diese Tipps und „Tricks" dann auch in weiteren Rollenspielen zur Anwendung.

Konkrete und praktische Tipps

RHETORISCHE TIPPS UND HILFEN — **K 8**

Die Dolmetscher-Technik
Übersetze den „Angriff" in eine harmlose Bemerkung, die evtl. eine positive Bedeutung hat.
Beispiel:
A: „Du bist eine Pfeife."
B.: „Ja, stimmt – alles hört auf mich."

Versuche in den folgenden Beispielen immer einen positiven Aspekt zu entdecken.
→ „Du bist ein Kamel."
→ „Du bist vielleicht eine Krücke."
→ „Du bist doch nur eine Marionette."
→ „Du benimmst dich wie die Axt im Walde."
→ „Du bist aber altmodisch."

Übung: „Lieber/besser als"
Bei dieser Technik wird das Gesagte nicht bestritten. Die Bedeutung wird aber heruntergespielt. Dann wird ein (indirekter) Gegenvorwurf gestartet. Denn alle Worte, die nach dem „als" kommen, richten sich an das Gegenüber.
Beispiel:
A: „Du bist aber eingebildet."
B: „Besser eingebildet als ungebildet."

Formuliere um:
→ „Du bist ein ganz schönes Großmaul."
→ „Das finde ich schlecht."
→ „In dieser Sache bist du aber kurzsichtig."
→ „Du siehst aber ganz schön mitgenommen aus."

Die Arbeitsmaterialien wurden von Thomas Schinkel zusammengestellt.

Vorurteilsbeispiel Fremdenfeindlichkeit

Brainstorming

Sammeln von Gegenstrategien und Auswertung

Jedes Argumentationstraining sollte sich gegen Ende intensiv mit der Frage nach sinnvollen Verhaltensweisen und plausiblen Gegenstrategien beschäftigen. In einem Brainstorming-Verfahren werden in der vorletzten Phase des Trainings mögliche Verhaltensweisen für konfrontative Situationen gesammelt und notiert. Im Rahmen dieser Phase greifen die Schülerinnen und Schüler in aller Regel auf die in den Rollenspielen gemachten und „erlebten" Erfahrungen zurück, generalisieren ihre Erkenntnisse bzw.

Merksätze formulieren diese in mögliche Verhaltensregeln um. Diese Vorschläge werden geordnet, gruppiert und in einer Reihe von Merksätzen neu formuliert (vgl. K9).

WELCHES VERHALTEN IST ZU EMPFEHLEN? — K9

→ Einsicht in die eigene Situation: Wenn man etwas entgegnen will, zieht man oft den Kürzeren.

→ Es ist schwierig, Gegenargumente zu vertreten. Im Gegensatz zu den Parolen sind die dahinter stehenden Themen umfangreich. Daher gibt es auf Parolen so gut wie keine Gegenparolen.

→ Direktes Nachfragen kann eine gute Gegenstrategie sein.

→ Informationen überzeugen nicht immer; sie werden oft „umgedreht".

→ Belehrung schafft Abwehr.

→ Erhobene Zeigefinger schaffen Abwehr.

→ Moralische Argumente provozieren häufig Widerstand.

→ Humor entspannt; der eine oder andere passende Witz kann das „Klima" verbessern.

→ Auf keinen Fall überheblich werden!

Auswahl nach: Hufer, Klaus-Peter: Argumentationstraining gegen Stammtischparolen. Materialien und Anleitungen für Bildungsarbeit und Selbstlernen. Schwalbach/Ts. 2001, 90 ff.

Auswertung Die Auswertung des Trainings erfolgt in einem sogenannten Blitzlicht (Jeder Teilnehmer, jede Teilnehmerin äußert sich zu einer gestellten Frage [z. B.: Was gefiel mir?]. Dabei sollte die Ich-Form verwendet werden) oder anhand einiger weniger Leitfragen.

Schlussbemerkung

Vorwurf der Praxisferne Unterrichtsprojekte wie das hier vorgestellte leben stets mit dem Wagnis, dass es Differenzen zwischen den gemeinsam erarbeiteten Inhalten, den angeeigneten Kompetenzen und der Alltagspraxis geben kann. Solche Trainings sehen sich häufig dem Vorwurf ausgesetzt, dass die „Schonraum-Pädagogik" keine Übertragung des erlernten Verhaltens in den Alltag garantiert. Diese skeptische Frage im Hinblick auf langfristige

Keine Alternative Wirkungen ist verständlich. Neu sind solche Vorbehalte nicht. Trotz dieses Dilemmas – das im Übrigen jeder Erziehungs- und Bildungsbemühung innewohnt – müssen der präventive Gehalt und die stärkende Wirkung auf die Selbstsicherheit der Schülerinnen und Schüler positiv gewürdigt werden. Die Alternative wäre letztlich, nichts zu tun!

Das Argumentationstraining im Überblick

Einstieg

→ Begrüßung

→ Formale Fragen/Gepflogenheiten

→ Partnerinterviews der Teilnehmenden

↓

Annäherung an das Thema/Vertiefung

→ Sammlung von Stammtischparolen im Brainstorming-Verfahren

→ Kennzeichen von Stammtischparolen/inhaltliche Erarbeitung

→ Auswahl von Parolen zur Weiterarbeit

↓

Rollenspiele und Auswertung

→ Rollenspiele (Innen- und Außenkreis)

→ Auswertung der Rollenspiele

→ Vertiefung: Kennzeichen von Stammtischparolen

↓

Inhaltliche Auseinandersetzung

→ Beschäftigung/Auseinandersetzung mit inhaltlichen Aspekten von Stammtischparolen

→ Erarbeitung von Argumenten/Gegenargumenten (in Kleingruppen)

→ Ggf. Rollenspiele mit anschließender Auswertung

↓

Gegenstrategien/Gesprächstechniken

→ Rhetorische Grundkenntnisse und Übungen: Schlagfertigkeit, Überzeugungskraft, Durchsetzungsfähigkeit

→ Ggf. Rollenspiele mit anschließender Auswertung

↓

Sammeln von Gegenstrategien

→ Sammeln von Gegenstrategien

→ Seminarauswertung

Vorurteilsbeispiel Fremdenfeindlichkeit

U | UNTERRICHTSBEISPIEL 2

Simulationsspiel: „Wer ist der Täter?"
von Dietmar Larcher
Dauer: ca. 1 Stunde
Benötigtes Material: keines

Anweisungen für die Spielleitung (die Lehrerin/den Lehrer)

Wettbewerb um bessere Lösungen

Zunächst sollten Sie den Jugendlichen klarmachen, dass pädagogische Simulationsspiele vordergründig dazu dienen, einen Wettbewerb um bessere Lösungen zu veranstalten. Sagen Sie auch, dass es in solchen Spielen um keinerlei Bewertung mit Noten geht. Wohl aber wird die Qualität der Lösungsvorschläge bewertet, aber nicht vom Lehrer bzw. von der Lehrerin alleine, sondern von allen gemeinsam. Und ganz wichtig: Je besser es gelingt, sich ganz auf das Spiel einzulassen, desto besser werden erfahrungsgemäß die Lösungsvorschläge.

Vielleicht ist auch die folgende Bemerkung sinnvoll, um Befangenheit zu nehmen: Simulationsspiele sind keine Rollenspiele! Hier geht es nicht darum, irgend eine Person wirklichkeitsgetreu darzustellen. Gespielt werden soll, wie eine Person denkt, nicht aber, wie sie sich bewegt, wie sie spricht etc.
Das Spiel eignet sich für eine Phase des Unterrichts, wenn bereits geklärt ist, was ein Vorurteil ist und woran man ein Vorurteil erkennt.

Spielidee des vorliegenden Spiels

Vorurteile äußern

Es sollen Vorurteile geäußert werden, die man sonst eher nicht im Kontext des Unterrichts äußert, weil man ja Political Correctness zumindest oberflächlich befolgen muss, um Zurechtweisungen zu vermeiden. Das Ziel des Spieles geht freilich einen Schritt weiter: Diese Vorurteile sollen dekonstruiert werden – und zwar nicht durch die Lehrerin bzw. den Lehrer, sondern durch die Schülerinnen und Schüler selbst.

Ablauf

1. Vorgeschichte zum Simulationsspiel
Die Jugendlichen machen sich mit der Vorgeschichte des Spiels vertraut (siehe Infoblatt).

2. Das Simulationsspiel

Gruppenarbeit

Der Leiter/die Leiterin der Untersuchung (die Lehrerin/der Lehrer) bildet vier (vielleicht auch fünf, je nach Klassengröße) Teams. Jedes dieser Teams hat zunächst die Aufgabe, die Zahl der möglichen Täter zu begrenzen. Dies soll dadurch geschehen, dass jedes Team sich zunächst darauf einigt, wer am ehesten als Täter in Frage komme. Wichtig ist in dieser Phase, dass man schriftlich festhält, was für diesen Täter (oder diese Tätergruppe) spricht und warum die anderen nicht in Frage kommen. Jede Gruppe wählt nun einen Sprecher oder eine Sprecherin. Die vier diskutieren nun miteinander, bis sie sich auf einen Täter oder eine Tätergruppe geeinigt haben.

Außerdem wird ein Team gebildet, das die Staatsanwaltschaft berät: Worauf muss ein Staatsanwalt oder eine Staatsanwältin achten, wenn er/sie die Vermutungen der Polizei überprüft?

Diskussionsrunden

Sobald eine Einigung über den Täter erfolgt ist, tritt die Lehrerin/der Lehrer auf den Plan und sagt, diese Person habe aber ein Alibi, das in der Zwischenzeit auch überprüft wurde. Es sei vollkommen glaubwürdig. Die Diskussion muss also weitergehen, bis ein neuer Schuldiger gefunden wird. Diesmal gibt es kein überprüftes Alibi. Nun soll die ganze Truppe der Polizisten entscheiden, ob diese Person oder Personengruppe der Öffentlichkeit als dringend tatverdächtig bekanntgemacht werden solle, ob man weitere Ermittlungen durchführen und ob man dem Staatsanwalt empfehlen solle, einen Haftbefehl auszusprechen und Anklage zu erheben.

3. Reflexion/Dekonstruktion
Die Lehrerin/der Lehrer hat die Vorurteile, die am häufigsten geäußert wurden, mitgeschrieben und stellt sie nun zur Diskussion (siehe Arbeitsblatt).

Diskussion

Vorschlag zur vertiefenden Weiterarbeit:
Im Anschluss daran den Film „Die Welle" (aber eher nicht das Original, sondern die Version von Dennis Gansel zeigen; erhältlich bei Amazon) anschauen und diskutieren. Der Film ist für Jugendliche ab ca. 13 Jahren geeignet.

LITERATUR

Adorno, Theodor W.: Studien zum autoritären Charakter. Frankfurt/M. 1995.

Ahlheim, Klaus (Hg.): Die Gewalt des Vorurteils. Schwalbach/Ts. 2007, 205–317.

Ahlheim, Klaus/Heger, Bardo: Vorurteile und Fremdenfeindlichkeit. Handreichungen für die politische Bildung. Schwalbach/Ts. 2001

Benz, Wolfgang: Legenden, Lügen, Vorurteile. Ein Wörterbuch zur Zeitgeschichte. München 2000.

Butterwegge, Christoph: Medienberichterstattung – Abbau oder Verstärkung von Vorurteilen?, in: Frech, Siegfried/Meier-Braun, Karl-Heinz: Die offene Gesellschaft. Zuwanderung und Integration. Schwalbach/Ts. 2007, 209–226.

Erdheim, Mario: Fremdeln. Kulturelle Unverträglichkeit und Anziehung, in: Kursbuch, Heft 107: Die Unterwanderung Europas, hg. von Karl Markus und Tilman Spengler. Frankfurt/M. 1992, 19–32.

Frech, Siegfried/Gugel, Günther: Einleitung zu Teil III: Zivilcourage lernen. Modelle und Arbeitshilfen für die Praxis, in: Meyer, Gerd/Dovermann, Ulrich/Frech, Siegfried/Gugel, Günther (Hg.): Zivilcourage lernen. Analysen – Modelle – Arbeitshilfen. Bonn/Stuttgart 2004, 198–203.

Frech, Siegfried/Meier-Braun, Karl-Heinz: Die offene Gesellschaft. Zuwanderung und Integration. Schwalbach/Ts. 2007.

Gloel Rolf/Gützlaff, Kathrin: Gegen Rechts argumentieren lernen. Hamburg 2005.

Glotz, Peter: Aufbruch aus den Löchern. Nationalismus und Fremdenhass gefährden Europa, in: Die Zeit, Nr. 40 vom 29.9.1989.

Heitmeyer, Wilhelm: Rechtsextremistische Orientierungen bei Jugendlichen. Empirische Ergebnisse und Erklärungsmuster einer Untersuchung zur politischen Sozialisation. Weinheim/München 1987.

Held, Josef u. a.: Rechtsextremismus und sein Umfeld. Eine Regionalstudie und die Folgen für die Praxis. Hamburg 2008.

Hufer, Klaus-Peter: Argumentationstraining gegen Stammtischparolen. Materialien und Anleitungen für Bildungsarbeit und Selbstlernen. Schwalbach/Ts. 2001.

Hufer, Klaus-Peter: Argumente am Stammtisch. Erfolgreich gegen Parolen, Palaver und Populismus. Schwalbach/Ts. 2006.

Lanig Jonas/Schweizer, Marion: „Ausländer nehmen uns die Arbeitsplätze weg!" Rechtsradikale Propaganda und wie man sie widerlegt. Mülheim an der Ruhr 2003.

Tiedemann, Markus: „In Auschwitz wurde niemand vergast." 60 rechtsradikale Lügen und wie man sie widerlegt. Mülheim an der Ruhr 2001.

Vorurteilsbeispiel Fremdenfeindlichkeit

INFOBLATT: VORGESCHICHTE ZUM SIMULATIONSSPIEL

Die weltbekannte Pop-Rock-Sängerin Colombina hat ein Sensationsgastspiel bei uns gegeben. Doch nun ist sie total außer sich, rasend vor Wut und Schmerz. Ihr wunderbares, sündhaft teures Auto, ein Ferrari, wurde total zerkratzt und aufgebrochen. Dabei hatte sie nur einmal ausnahmsweise eine Ausfahrt ohne ihren Leibwächter gemacht, denn sie wollte nach ihrem erfolgreichen Konzert ganz allein sein. Sie fuhr daher spätabends ziellos durch die Stadt und blieb irgendwo vor einem kleinen Lokal stehen. Sie hoffte, dort werde sie niemand erkennen, sie müsse keine Autogramme geben und könnte in aller Ruhe einmal ganz alleine einen Kaffee trinken. Sie parkte das Auto, stieg aus und betrat das Lokal. Tatsächlich erkannte sie niemand, nur der Wirt, der aber so tat, als würde er es nicht bemerken.

Sie blieb eine Weile in dem gemütlichen Café, trank zwei Tassen, zahlte und ging dann hinaus. Doch oh Schreck! Ihr Wagen, dieser wahnsinnsteure Ferrari, war mit einem Nagel zerkratzt worden und eine Scheibe war eingeschlagen. Drinnen fehlte das Allerwichtigste! Sie bekam einen Schrei- und Weinanfall. Ihr Pudel war weg! Unvorsichtigerweise hatte sie ihn alleine im Auto gelassen, weil sie dachte, der Pudel würde sich im Auto wohler fühlen als im Lokal, und außerdem würde niemand auf die Idee kommen, einen Pudel zu stehlen. Wenn schon, dann das ganze Auto. Aber das war so gut gegen Einbruch abgesichert, dass niemand, auch der beste Autodieb nicht, eine Chance gehabt hätte.

Als Erstes rief sie ihren Leibwächter an, dann die Polizei. Beide waren sofort zur Stelle. Die Polizei kam mit drei Funkstreifenwagen angerast und nahm die Spuren auf. Ein Notarzt wurde gerufen, der Colombina mit Beruhigungsmitteln ruhigstellte. Leider hatte der Wirt alles gesehen und mitgekriegt und nun mit seinem Handy das Fernsehen und die Zeitung herbestellt. Als die hörten, wer sich dorthin verirrt hatte und was dort passiert war, rasten sie alle hin. Sie posaunten die Geschichte als Riesensensation in die Welt hinaus. Und überall war man empört über diese schändliche Tat. Der Ruf unserer Stadt, ja unseres ganzen Landes, war in Gefahr.

Die Polizei tappte im Dunkeln. Denn niemand war zum Tatzeitpunkt gesehen worden – außer einer Gruppe junger Leute, die lachend und schreiend von irgendeiner Party nach Hause kamen. Die hatte man gesehen. Denen traute man es zu. Also wurden sie kurzerhand festgenommen.

Aber die Sängerin hatte einen Verdacht, der nichts mit den Jugendlichen zu tun hatte. Ihr war auf der ganzen Gastspielreise ihr Ex-Verlobter gefolgt, ein Boxchampion, von dem sie sich vor zwei Monaten getrennt hatte. Der Mann war ihr nicht geheuer. Die Polizei suchte ihn in der Stadt, fand ihn tatsächlich und nahm ihn fest.

Einige Bewohner der Straße sagten: Im Haus vis-à-vis vom Café sei ein islamisches Kulturzentrum. Es wäre ja möglich, dass die häufig auch noch abends dort anwesenden Jugendlichen als Täter in Frage kämen. Gesehen habe man das freilich nicht so genau ... Trotzdem wurden drei dieser Jugendlichen gefunden und festgenommen. Und dann gab es da noch jemanden, der sagte, dass in der Straße eine Gruppe radikaler Tierschützer wohne. Sie würden vielleicht auch dagegen kämpfen, dass gedankenlose Menschen ihre Hunde oft alleine in ihren geparkten Autos zurücklassen. Denen sei allerhand zuzutrauen. Auch sie wurden daher festgenommen.

Nun waren also diese vier Gruppen in Haft. Trotzdem stand die Kriminalpolizei vor einem Rätsel. Zugleich jedoch bekam sie unglaublichen Druck, den Fall möglichst rasch zu klären. Sogar der Bürgermeister der Stadt und selbst der Präsident des Landes hatten verlangt, dass in kürzestmöglicher Zeit eine Lösung gefunden werden müsse. Sonst würde das sehr schlecht für unser Land aussehen.

Doch da gab es noch jemanden, der am nächsten Tag zur Polizei rannte und sagte, der Wirt selbst könnte es getan haben. Er habe sich möglicherweise aus dem Lokal geschlichen, als Colombina gemütlich in ihrem weichen Sessel saß und Kaffee trank. Er wollte den Wirbel, er wollte, dass man im Fernsehen und in der Zeitung von seinem Lokal höre. Man kenne ihn ja in der ganzen Straße, diesen geschäftstüchtigen Kerl. Auch er wird also festgenommen.

Siegfried Frech und Dietmar Larcher

ARBEITSBLATT: MÖGLICHE FRAGEN ZUM SIMULATIONSSPIEL	
→ Woran erkennt man, dass es sich bei diesen Sätzen um Vorurteile handelt?	→ Welches dieser Vorurteile habt ihr schon gehört?
→ Sucht Argumente und Beweise, dass diese Vorurteile einen wahren Kern enthalten.	→ Sucht Argumente und Beweise, dass diese Vorurteile meistens falsch sind.
→ Wer äußert solche Vorurteile?	→ Warum werden solche Vorurteile geäußert? Wem nützen sie? Wem schaden sie?

ANREGUNGEN FÜR DIE UNTERRICHTSPRAXIS

Siegfried Frech

Vorurteilsbeispiel Ethnisierung

Definition von Ethnozentrismus

Kulturelle Merkmale stark vernetzt

Trotz populistischer Versuche, nationale Identität aus kultureller Überlieferung definieren zu wollen, hat es eine kulturelle Homogenität im Sinne einer konfliktfreien Übereinstimmung kultureller Werte noch nie und nirgendwo gegeben (vgl. Frech/Meier-Braun 2007, 7–19). Kulturelle Merkmale sind vielmehr derart miteinander verwoben und vernetzt, dass sich nur selten scharfe Trennlinien ausmachen lassen. „Kultur" ist nicht als ein statisches Gebilde einmal festgelegter Werte und Normen zu verstehen, das man – etwa im Sinne einer „Leitkultur" (vgl. Lammert 2006) – kopieren, akzeptieren oder ablehnen könnte (Oberndörfer 2007, 59–88). Der Akzeptanz des kulturellen Pluralismus stehen immer noch die „diffus mythischen Vorstellungen einer vor Fremden zu schützenden und definierbaren spezifisch deutschen Kultur und Volksgemeinschaft im Wege" (ebd., 83).

Übersteigerter, aggressiver Nationalismus

Ethnozentrismus zeichnet sich in der Regel durch einen übersteigerten und aggressiven Nationalismus aus, der von einer verachtenden sowie feindseligen Haltung gegenüber anderen Staaten und Nationalitäten geprägt ist. Indem die Höherwertigkeit der eigenen Nation leitendes Prinzip des (politischen) Denkens ist, werden andere Nationen deutlich abgewertet. Die Herabwürdigung anderer Nationen und Ausgrenzung fremder Ethnien erwächst aus einer übersteigerten Idee des Nationalstaats und dem Wahn eines völkischen Nationalismus.

„Statische" und „dynamische" Ethnisierung

Je nach ideologischer Provenienz kann hierbei zwischen „statischen" und „dynamischen" Formen der Ethnisierung unterschieden werden. Bei der statischen Spielart werden Angehörigen einer anderen Kultur „natürliche" – und damit unveränderliche – Eigenarten zugeschrieben. Die dynamische Variante hingegen arbeitet mit einer Zuschreibung kultureller „Eigenarten", die sich entwickeln, verändern und an die Mehrheitsgesellschaft angleichen können (vgl. Bühler 1996).

Kultur ist nichts Statisches

„Kulturelle Freiheit muss allen Bürgern ohne Ansehung ihrer ethnischen Herkunft, ihrer Religion oder Weltanschauung gewährt werden. Dies gilt auch für Zuwanderer fremder Herkunft. [...] Die Grenzen der kulturellen Wahl sind dabei für Einwanderer die gleichen wie für alle Bürger. Sie werden durch die Rechtsprechung, die Verfassung und deren Werte bestimmt. Auftretende Konflikte, die es in allen Gesellschaften und gerade auch in scheinbar kulturell homogenen Gesellschaften immer wieder gegeben hat, [...] müssen im Rahmen der Rechtsordnung und politischen Regeln des republikanischen Verfassungsstaates aufgearbeitet werden. [...] Integration der Migranten ohne Akzeptanz kultureller Verschiedenartigkeit durch die Mehrheit ist nicht möglich. Wer von Einwanderern die Übernahme der Provinzkulturen ihres Aufnahmelandes verlangt und dies als Eingliederung, als Integration bezeichnet, verhindert Integration."

Oberndörfer 2007, 84

Eine neue – und besonders perfide – Variante dieses Einstellungsmusters ist der sogenannte „Ethnopluralismus", der vermeintlich harmlos klingt und vordergründig nicht explizit davon ausgeht, dass die eigene Ethnie höherwertig sei als andere, aber für eine geographische bzw. räumliche Trennung plädiert. So spiegelt die Forderung der rechtsorientierten Partei NPD in Deutschland „Deutschland den Deutschen – Die Türkei den Türken" die Konstruktion eines ethnisch gedachten Staatsvolkes bzw. einer „völkischen" Gemeinschaft wider und wirkt vordergründig nicht derart fremdenfeindlich wie etwa die Parole „Ausländer raus!" (Globisch 2008).

„Ethnopluralismus"

Kulturelle Vielfalt – didaktische Kategorien

Will man die Themen „Fremdenfeindlichkeit" und „Ethnisierung" in didaktische Kategorien fassen, um eine angemessene Auseinandersetzung in der schulischen und außerschulischen Bildung zu gewährleisten, lassen sich mehrere Essentials formulieren. Grundlegendes Lernziel ist das Erkennen und Anerkennen von Heterogenität und Diversität in menschlichen Lebensverhältnissen und Wertvorstellungen. Maßgebendes Prinzip ist die Anerkennung der Unterschiede in allen identitätsrelevanten Hinsichten, einerlei, ob es sich um Unterschiede der Herkunft, der ethnischen Zugehörigkeit oder der Kultur handelt (vgl. Taylor 1995, 52–64).

Lernziel

Prinzip

Zentrale Voraussetzungen für diese Anerkennung der Unterschiede sind
(1) das Verstehen des Fremden,
(2) die Anerkennung des Anderen sowie
(3) die prinzipielle Bejahung ethnisch-kultureller Verschiedenheit (Diversität) (vgl. Holzbrecher 2009). Aus diesen drei Grundmotiven lassen sich mehrere didaktische Kategorien ableiten:

Anerkennung der Unterschiede

Didaktische Kategorie 1
Fremde(s) verstehen und ein angemessener Umgang mit Fremdheit heißt, dass ethnische und kulturelle Differenzen überhaupt wahrgenommen und mit ihren je unterschiedlichen Deutungsmustern interpretiert und akzeptiert werden. Der „eigene Ethnozentrismus" wird erst in der Auseinandersetzung mit anderen Lebenswelten und Lebensformen sichtbar. Anzustreben wäre ein Bewusstsein von der Eingebundenheit in die Denk- und Wertvorstellungen der eigenen Lebenswelt und Kultur sowie davon, dass andere in ihren Lebenswelten in ebensolcher Weise verankert sind. Wer lernt, die Welt aus der Perspektive der anderen zu sehen, lernt, dass seine Ansicht der Welt nicht die einzig vernünftige Ansicht der Welt ist.

Wahr- und Annehmen von Differenzen

Didaktische Kategorie 2
Der kritische Gehalt interkulturellen Lernens ist darin zu sehen, dass Dichotomien des Einteilens von Menschen in „wir" und „die anderen" hinterfragt und problematisiert werden. Zu achten ist hierbei auf die Spiegelbildlichkeit der Fragestellungen. Nur wenn thematisiert wird, was „Inländer" über „Ausländer" denken und umgekehrt, ist eine Lernchance gegeben, die Muster der Wahrnehmung und des Kategorisierens kritisch in den Blick zu nehmen. Dies kann auch eine Infragestellung von scheinbar sicheren Positionen der Mehrheitsgesellschaft bedeuten. Wenn das Verhältnis von Mehrheit und Minderheit neu gefasst wird, können Formen der Unterscheidung als bereichernd erlebt werden. Gerade ein „Dialog des Eigensinns" (Henkenborg 1992, 30) kann die Eigenarten und Eigenschaften anderer Lebensformen zum Ausdruck bringen.

Dichotomien hinterfragen

Unterschiede als Bereicherung

Didaktische Kategorie 3
Zur Morphologie interkulturellen Lernens gehören auch biographische und emotionale Komponenten. Begegnungen mit den bzw. dem Fremden vollziehen sich nicht aus-

Reflexion der eigenen Gefühle

Vorurteilsbeispiel Ethnisierung

schließlich auf der kognitiven Ebene. Interkulturelle Lernprozesse sind auf die Reflexion der eigenen Gefühle – die oftmals quer zu kognitiv vermittelten Einsichten liegen können – angewiesen. Eigene Denk- und Vorurteilsstrukturen zu hinterfragen, den „exotischen" Blick in uns zu identifizieren und die Wahrnehmung anderer Kulturen unter Defizitkategorien aufzubrechen, sind anzustrebende Lernprozesse.

Didaktische Kategorie 4

Dissenskultur Und schließlich: Ein nicht-wertender Umgang mit ethnisch-kultureller Vielfalt fördert eine „Dissenskultur". Damit ist gemeint, dass sich die Position des Kulturrelativismus – alle Kulturen seien als gleichwertig zu betrachten – im Alltag und vor allem in alltäglichen Konfliktsituationen nicht aufrechterhalten lässt. Fremdverstehen verlangt das Aushalten von Konflikten und von dissonanten Perspektiven.

Spurensuche im Alltag – eine handlungs- und schülerorientierte Methode

Projektvorschlag

Die Spurensuche in Geschichte und Gegenwart bietet Schülerinnen und Schülern die Chance, in der eigenen Lebenswelt kulturelle und ethnische Pluralität wahrzunehmen. Gerade in lokalen und regionalen Wirklichkeitsausschnitten kann ein überschaubarer Bereich „erforscht" werden. Die lokale und/oder regionale Lernebene fördert (historische) Fallbeispiele aus dem Erfahrungsbereich der Schülerinnen und Schüler zutage.

Methode Spurensuche

„Zentraler Ansatz dieses Konzepts ist das Anliegen, ‚Zeichen der Gegenwart' auf ihre geschichtliche Tiefenstruktur hin zu befragen, um zu entdecken, dass multikulturelle Vielfalt nichts Exotisches und Neues, sondern seit Jahrhunderten ein zentrales Kennzeichen unserer Geschichte ist. Solche Zeichen können im weitesten Sinne sein:

→ Orte der Erinnerung (Friedhöfe, Denkmäler);

→ Feier- und Gedenktage (z.B. multikulturelle Wurzeln ‚christlicher' Feiertage);

→ Sprache (z.B. Herkunft der Familiennamen, Wanderung von [Fremd-]Wörtern);

→ ikonische Zeichen (Bilder/Fotos: ‚Fremde/s' in der Familiengeschichte, in der Geschichte des eigenen Ortes, Stadtteils etc.);

→ Rituale und Gesten (z.B. Begrüßungs-, Abschieds-, Fest- oder Trauerrituale);

→ Symbole und ihre Bedeutung für die Konstruktion sozialer Identitäten (z.B. Kopftuch, Sprache, gruppen-/jugendspezifische Bekleidung etc.)."

Holzbrecher 2009, 272f; vgl. auch Holzbrecher 2011

Sechs Leitfragen Sechs Leitfragen skizzieren einen didaktischen Rahmen, der das Thema „Migration und kulturelle Vielfalt" inhaltlich zu strukturieren versucht.

1. Leitfrage nach der zeitlichen bzw. historischen Dimension der Zuwanderung

Blick in die Geschichte Die erste Frage lautet: „Wann sind Fremde in euren Ort gekommen?" Gefragt wird nach der zeitlichen bzw. historischen Dimension der Zuwanderung. Die Schülerinnen und Schüler sollen recherchieren, wie es überhaupt zu der Einwanderungssituation z.B. vor mehr als fünfzig Jahren gekommen ist. Ein Blick in die Geschichte der „Ausländerbeschäftigung" ist gefordert, weil die Schülerinnen und Schüler nur so erkennen können, dass die „Ausländer" nicht gekommen sind, um sich an den Segnungen des Sozialstaates schadlos zu halten, sondern um als „Gastarbeiter" oft unter erschwerten Bedingungen zu arbeiten. Die intensive Auseinandersetzung mit den wirtschaftlichen Auswirkungen der Zuwanderung ist auch deshalb sinnvoll, weil auf diesem Gebiet nach wie vor zählebige Vorurteile existieren (z.B. „Ausländer nehmen uns die Arbeitsplätze weg!" „Ausländer leben auf unsere Kosten!"). Eng damit verknüpft ist die zweite Fragestellung.

2. Leitfrage nach wirtschaftlichen, politischen und sozialen Gründen für die Zuwanderung

„Aus welchen Gründen und mit welchen Erwartungen kamen sie bzw. wurden sie geholt?" – so die zweite Frage. Hierbei geht es um die Recherche wirtschaftlicher, politischer und sozialer Gründe für die Zuwanderung. Wenn man Migration als einen komplexen sozialen Vorgang betrachtet, greifen stets individuelle Migrationsentscheidungen und strukturelle Aspekte ineinander. Für das Zustandekommen des Wanderungsentschlusses ist ein ganzes Motivbündel verantwortlich: persönliche Dispositionen, Familienkonstellationen, Einkommenssituation, Netzwerke im Aufnahmeland einerseits, Aufenthaltsbedingungen im Aufnahmeland sowie wirtschaftliche und politische Bedingungen im Herkunfts- wie im Aufnahmeland andererseits (vgl. Meier-Braun 2007). Im Hinblick auf die Frage, ob sich die Zuwanderung für den Einzelnen oder die Einzelne lohnt, sind differenzierte Antworten gefordert: Verglichen mit den Beschäftigungs- und Verdienstmöglichkeiten im Herkunftsland zahlt sich die Migration wohl meist aus. Dem steht jedoch das Phänomen der Entwurzelung gegenüber: Lokale und soziale Sicherheiten werden aufgegeben, die zugehörige Sprachgemeinschaft wird verlassen, ein häufiger Wechsel der Berufsrolle geht einher mit dem Verlassen eines sozialen Rahmens, der Identität sichert. So ist dieser individuelle Entscheidungsprozess stets von der Bereitschaft gekennzeichnet, alle Risiken, die mit der Migration verbunden sind, auf sich zu nehmen und den Schritt in die Fremde zu wagen.

Recherche der Gründe

Motivbündel

3. Leitfrage nach dem „Anderssein"

Die Frage nach dem „Anderssein", nach den Unterschieden zwischen „Fremden" und sogenannten „Einheimischen", nach dem Bewerten der eigenen und fremden Lebens- und Verhaltensweisen konkretisiert sich in der Aufgabenstellung: „Wie unterschieden bzw. unterscheiden sie sich von den Einheimischen?"

4. Leitfrage nach den kollektiven und individuellen Reaktionen

Des Weiteren sollten die Fragen nach den kollektiven und individuellen Reaktionen einschließlich der Fremd- und Selbstsicht sowie nach den psychischen und sozialen Verarbeitungsmechanismen gestellt werden: „Wie reagierten die Einheimischen?" „Wie verarbeiteten die Fremden ihre Situation?"

Fremd- und Selbstsicht

5. Leitfrage nach den kulturellen, politischen und sozialen Veränderungen des lokalen Raumes

Zuwanderung hat verschiedene Verlaufsphasen. Die erste Phase – die Ankunft im Aufnahmeland und die erst allmähliche Normalisierung der Lebenslage – ist häufig durch „Akkulturationsstress" gekennzeichnet. Gemeint ist damit, dass zunächst Beeinträchtigungen eine bedeutende Rolle spielen: Kulturelle Wertvorstellungen verlieren ihre Gültigkeit, soziale Rollen geraten ins Wanken und müssen neu definiert werden. Diese Faktoren und nicht zuletzt das Erlernen einer neuen Sprache sorgen für existenzielle Unsicherheit und Orientierungsstörungen. Man mag nun einwenden, dass diese Frage die „Dramatisierung der Differenz" (Thomas Meyer) fördere. Entgegenhalten kann man jedoch, dass es vielmehr darum geht, Schülerinnen und Schüler für die im Alltag zu beobachtende und im Übrigen unumkehrbare Differenzierung von Lebensstilen und kulturellen Gepflogenheiten zu sensibilisieren. Dies verlangt ein Lernen, das auf Multiperspektivität abzielt. „Was veränderte sich am Ort durch Fremde?" Diese Frage fordert die Recherche nach den kulturellen, politischen und sozialen Veränderungen des lokalen Raumes.

Verschiedene Phasen der Zuwanderung

Multiperspektivität

Vorurteilsbeispiel Ethnisierung

6. Leitfrage nach der geglückten oder missglückten Integration
Und schließlich ist die Frage nach der geglückten bzw. missglückten Integration zu stellen: „Wie lange blieben Fremde fremd?"

Doppelfunktion der Netzwerkbildung

Die beiden letzten Fragen sollen ganz bewusst einer Perspektive, die ethnische Unterschiede nivelliert, gegenübergestellt werden. Thematisiert wird der schmale Grat, der zwischen dem Aushalten ethnischer und kultureller Differenzen und dem Problem ethnischer Segregation – gar dem Entstehen einer „Parallelgesellschaft" – besteht. Deutlich werden soll weiterhin, dass die sogenannte „Netzwerkbildung" eine Doppelfunktion hat: Sie bietet Selbsthilfegemeinschaften, Schutzräume gegen allzu starken Assimilationsdruck und zugleich „Kulturschleusen" in einer als neu und zunächst unübersichtlich empfundenen Aufnahmegesellschaft. Und letztlich geht es dabei um die Frage, wie man politisch angemessen auf die Einwanderungssituation reagiert bzw. noch reagieren muss und wie Integration aktiv gestaltet werden kann.

U | UNTERRICHTSBEISPIEL

Spurensuche im Ort/im Stadtteil

Arbeitsschritt 1

Infosammlung
Sucht und sammelt in eurem Ort, eurem Stadtteil Informationen und Materialien zum Thema „Unser Ort – Heimat für Fremde?", z.B. in der Familie, in der Nachbarschaft, in Museen und Bibliotheken. Denkt auch an Lebenserinnerungen, an Briefe, Fotos und Tagebücher. Vielleicht findet ihr Gesprächs- oder Interviewpartner und -partnerinnen, die euch wertvolle Informationen geben können (vgl. K$_1$: „Durchführung von Interviews" auf S. 81).

Sucht dabei Antworten auf die folgenden Fragen:
→ Wann sind Fremde in euren Ort gekommen?
→ Aus welchen Gründen und mit welchen Erwartungen kamen sie bzw. wurden sie geholt?
→ Wie unterschieden bzw. unterscheiden sie sich von den Einheimischen?
→ Wie reagierten die Einheimischen?
→ Wie verarbeiteten die Fremden ihre Situation?
→ Was veränderte sich am Ort durch Fremde?
→ Wie lange blieben Fremde fremd?

Überlegt, welche Fragen euch besonders interessieren. Entwerft einen Plan, der euch hilft, das Material zu ordnen und die Zeit einzuteilen.

Arbeitsschritt 2

Präsentation
Präsentiert eure Ergebnisse der Schulöffentlichkeit. Mit selbst angefertigten Plakaten oder einer Wandzeitung könnt ihr eine kleine Ausstellung zusammenstellen. Folgende Fragen solltet ihr klären:
→ Wie viele Tafeln (z.B. 5–8 Tafeln) sollen verwendet werden? Welche Themen sollen auf welcher Tafel erscheinen?
→ Überschriften für einzelne Bereiche/Themenfelder festlegen.
→ Abwechslungsreich gestalten, z.B. einzelne Bereiche als Comic oder Bildergeschichte gestalten.
→ Die Text-Bild-Kombinationen festlegen und die Texte formulieren.
→ Die eigentliche „technische" Produktion durchführen.
→ Einen Rahmen für die Eröffnung und Präsentation überlegen.

Siegfried Frech

DURCHFÜHRUNG VON INTERVIEWS — K1

Bei einem Interview müsst ihr einige Regeln beachten:

Gesprächsvorbereitung
- Ohne einen festen Gesprächstermin geht es nicht. Deshalb müsst ihr einen Termin vereinbaren.
- Das Gespräch sollte in der Umgebung des Interviewpartners/der Interviewpartnerin stattfinden – am besten bei ihm/ihr zu Hause. Dort sind auch rasch Fotos und Unterlagen zur Hand.
- Für das Gespräch sollte man sich (viel) Zeit nehmen.
- Die wichtigsten Fragen sollte man im Kopf oder auf einem Blatt Papier notiert haben.
- Man kann Interviews aufzeichnen (z.B. Kassettenrekorder) oder die wichtigen Aussagen mitschreiben – so gut es geht.

Durchführung des Interviews
- Auf keinen Fall mit den Fragen über den Interviewpartner/die Interviewpartnerin „herfallen". Zunächst über etwas anderes reden, um miteinander warm zu werden.
- Am Anfang ist es gut, Interviewpartner/Interviewpartnerinnen über sich reden zu lassen. Dies ist der Ort für Fragen nach dem Geburtsjahr, nach der Kindheit, den Eltern, der Schule, Freunden und Freundinnen, nach der (Berufs-)Ausbildung, der ersten Liebe, dem weiteren Lebensweg.
- Wenn ihr beim Gesprächspartner/der Gesprächspartnerin Müdigkeit bemerkt, kann man das Gespräch langsam beenden.

Gesprächsauswertung
- Hört euch die Aufnahmen an und notiert das Wichtigste! Diese Arbeit ist sehr mühsam.
- Deshalb kann das Interview auch in eigenen Worten wiedergegeben werden.
- Wenn ihr anderes Material gefunden habt (z.B. Zeitungsartikel, Fotos, Aussagen von anderen Interviewpartnern/Interviewpartnerinnen), könnt ihr dies miteinander vergleichen.

Nach: Siegfried, Detlef: Zeitzeugenbefragung: Zwischen Nähe und Distanz, in: Dittmer, Lothar/Siegfried, Detlef (Hg.): Spurensucher. Ein Praxisbuch für historische Projektarbeit. Hamburg 2005, 65–81, 73f.

LITERATUR

Bühler, Hans: Einheit und Vielfalt – kulturtheoretische Grundlegung und pädagogischer Ausblick, in: Böttger, Gottfried/Frech, Siegfried (Hg.): Der Nord-Süd-Konflikt in der politischen Bildung. Schwalbach/Ts. 1996, 129–150

Frech, Siegfried/Meier-Braun, Karl-Heinz (Hg.): Die offene Gesellschaft. Zuwanderung und Integration. Schwalbach/Ts. 2007

Globisch, Claudia: Warum fordert die NPD „Die Türkei den Türken"?, in: Virchow, Fabian/Dornbusch, Christian (Hg.): 88 Fragen und Antworten zur NPD. Weltanschauung, Strategie und Auftreten einer Rechtspartei – und was Demokraten dagegen tun können. Schwalbach/Ts. 2008, 65–67

Gugel, Günther: Methoden-Manual II: „Neues Lernen". Tausend neue Praxisvorschläge für Schule und Lehrerbildung. Weinheim/Basel 1998

Henkenborg, Peter: Fremde Deutsche in deutscher Fremde. Plädoyer für ein interkulturelles Bildungsprogramm. Schwalbach/Ts. 1992

Holzbrecher, Alfred (Hg.): Interkulturelle Schule. Eine Entwicklungsaufgabe. Schwalbach/Ts. 2011

Holzbrecher, Alfred: Heterogenität – Diversität – Subjektorientierung. Zur Didaktik interkultureller Bildung, in: Frech, Siegfried/Juchler, Ingo (Hg.): Dialoge wagen. Zum Verhältnis von politischer Bildung und Religion. Schwalbach/Ts. 2009, 266–296

Lammert Norbert (Hg.). Verfassung, Patriotismus, Leitkultur – Was unsere Gesellschaft zusammenhält. Hamburg 2006

Meier-Braun, Karl-Heinz: Der lange Weg ins Einwanderungsland, in: Frech, Siegfried/Meier-Braun, Karl-Heinz (Hg.): Die offene Gesellschaft. Zuwanderung und Integration. Schwalbach/Ts. 2007, 21–40

Oberndörfer, Dieter: Einwanderungsland Deutschland. Worüber reden wir eigentlich?, in: Frech, Siegfried/Meier-Braun, Karl-Heinz (Hg.): Die offene Gesellschaft. Zuwanderung und Integration. Schwalbach/Ts. 2007, 59–88

Siegfried, Detlef: Zeitzeugenbefragung: Zwischen Nähe und Distanz, in: Dittmer, Lothar/Siegfried, Detlef (Hg.): Spurensucher. Ein Praxisbuch für historische Projektarbeit. Hamburg 2005, 65–81

Taylor, Charles: Das Unbehagen an der Moderne. Frankfurt/M. 1995

Angelika Königseder

Diskriminierung aufgrund von religiöser Zugehörigkeit

Jahrhundertealte Geschichte religiöser Vorurteile

Religiöse Vorurteile gegenüber Juden und Muslimen haben eine jahrhundertealte Geschichte. Vermeintlich spielen traditionelle religiöse Anschuldigungen – wie etwa der Vorwurf des Gottesmordes an die Juden oder das Bild vom Islam als Religion des Schwertes – heute im Schulalltag keine Rolle mehr, tatsächlich leben die Stereotype aber fort. Die Motive und Bilder des religiösen Antijudaismus finden zum Beispiel ganz aktuell Eingang in die modernen Erscheinungsformen des Antisemitismus.

Christlicher Antijudaismus

Abgrenzung zum Judentum

Der christliche Antijudaismus wurzelt theologisch in den Schwierigkeiten des jungen Christentums, einer jüdischen Sekte, sich vom Judentum abzugrenzen. Da die Religion den Alltag der Menschen stark prägt, wirkten sich die theologischen Dispute spätestens seit dem 4./5. Jahrhundert n. Chr., als das Christentum zur Staatsreligion avancierte, im praktischen Zusammenleben aus. Als besonders langlebig erwies sich dabei der Vorwurf des angeblichen Christusmordes durch die Juden.

Ritualmordlegenden

Konstruktionscharakter von Vorurteilen

In diesem Zusammenhang gilt es, Schülerinnen und Schülern die Langlebigkeit und Wandelbarkeit dieser Vorurteile, die ihren Konstruktionscharakter und damit ihre Funktion für die Mehrheitsgesellschaft deutlich machen, vor Augen zu führen. Auch religiöse Vorurteile sind Konstrukte, die der Durchsetzung von Interessen und Identitätsbildung von Gruppen dienen oder Ängsten geschuldet sind. Sie sind folglich völlig losgelöst von der rituellen Praxis der von der Stigmatisierung Betroffenen. Zur Veran-

Ritualmordbeschuldigung

schaulichung kann die Ritualmordbeschuldigung dienen. Der Vorwurf des Ritualmords existierte bereits in der Antike, im Mittelalter tauchte er erstmals im Jahr 1144 im englischen Norwich auf. Von England breitete er sich über ganz Europa aus. Dabei wurde den Juden vorgeworfen, dass sie zur abermaligen Verhöhnung der Passion Christi in einem geheimen Ritual ein unschuldiges christliches Kind, meist einen Jungen, ermordeten. Nach dem IV. Lateranischen Konzil im Jahr 1215, das mit der Transsubstantiationslehre die eucharistische Realpräsenz Christi verkündete, also den Glauben, dass sich beim Abendmahl Brot und Wein real in den Leib und das Blut Christi verwandelten, wurde die Beschuldigung auf die angebliche Blutentnahme des getöteten Knaben erweitert. Im Volksglauben benötigten die Juden dieses Blut eines

Christliche Schuldner profitierten

Unschuldigen für rituelle und medizinische Zwecke. Falls ein Jude des Ritualmords „überführt" wurde, erwartete ihn die Hinrichtung. Damit erloschen all seine ausstehenden finanziellen Forderungen, wovon die christlichen Schuldner profitierten. Im Kern hat sich – zwar in Abwandlungen – bis heute die Ritualmordlegende erhalten. Der moderne Antisemitismus warf den Juden darauf rekurrierend Blutschande, Mord durch Schächten und sexuelle Perversion vor.

Noch 1946 Anlass für massive Gewalt

Fatal an den Ritualmordbeschuldigungen war, dass sie meist massive Gewalt gegen Juden auslösten. Noch im Juli 1946 wurden im polnischen Kielce nach einem Vorwurf

Angelika Königseder

des Ritualmordes an einem Knaben, der wenige Tage später allerdings wohlbehalten wieder aufgetaucht war, 42 jüdische Männer, Frauen und Kinder getötet. Im ungarischen Tiszaeszlár gilt der Ritualmordvorwurf (1882) als „Auslöser des modernen ungarischen Antisemitismus", auf den sich rechte Politiker noch in den 1940er Jahren beriefen (Horváth 2011). Auch die den „Rassenantisemitismus" propagierenden Nationalsozialisten griffen auf das alte religiöse Repertoire der Judenfeinde zurück; im Mai 1939 erschien eine Sondernummer des nationalsozialistischen Idelogieblattes „Stürmer" zum Thema Ritualmord.

Vorwurf in islamischer Welt übernommen

Diese aus dem christlichen Antijudaismus hervorgegangene Legende fand Eingang in den Antisemitismus der islamischen Welt, der in vielen Zügen ein „Import" aus Europa ist und keine genuin islamisch-religiöse Tradition besitzt. Vor dem Hintergrund des Nahost-Konflikts wird der Ritualmordvorwurf in einem nicht christlich geprägten Umfeld an das aktuelle politische Geschehen flexibel „angepasst". Diese Konstruktion ist typisch für den Antisemitismus (siehe erste Karikatur zur Ritualmordlegende).

„Import" aus Europa

Karikatur zur Ritualmordlegende 1

Al-Watan (March 17, 2002)

In diesem Fall wird in einer Karikatur einer Zeitung aus Katar ein durch Judenstern, schwarze Kleidung, Vollbart und Hakennase als Jude gekennzeichneter Mann dargestellt, der mit einem riesigen Schächtmesser ein durch den typischen Schal als palästinensisches Kind zu identifizierenden Jungen ersticht. Der in seinem Aussehen an mittelalterliche Bilder erinnernde Jude steht dabei für den Staat Israel, der das unschuldige palästinensische Volk – personifiziert in dem palästinensischen Kind – tötet. Die Karikatur ist auch insofern interessant, als die ganze Szene vor dem Hintergrund der amerikanischen Flagge dargestellt ist und damit eine häufig anzutreffende Vermengung von Antisemitismus und Antiamerikanismus sichtbar wird.

Quelle: Jüdisches Museum Hohenems (Schwarz 2005)

Auch israelische Regierungsmitglieder – wie bei der zweiten Karikatur zur Ritualmordlegende der wiederum mit einem Judenstern gekennzeichnete Regierungschef Ariel Scharon – personifizieren „den Juden".
Auch wenn der religiöse Antijudaismus aktuell hinter den „sekundären" Antisemitismus (Erinnerungs- bzw. Schuldabwehr oder -umkehr, „Antisemitismus wegen Auschwitz", Vorwurf, Juden würden sich am Holocaust bereichern) und die antisemitisch konnotierte Kritik an Israel (Israel als „kollektiver Jude") zurücktritt, bleiben die aus dem

Diskriminierung aufgrund von religiöser Zugehörigkeit

Wissen erleichtert Dekonstruktion von Vorurteilen

christlichen Antijudaismus entstandenen Vorurteile virulent. Neben dem Vorwurf des Gottesmordes, der Hostienschändung (angebliches Durchbohren der Hostien, also des Leibes Christi, womit der Gottesmord quasi wiederholt wird) und der Ritualmordlegende implizieren auch das Bild vom „habgierigen Juden" und die häufige Bezugnahme auf das alttestamentarische – verkürzt und oft falsch verstandene – „Auge um Auge, Zahn um Zahn" für die Charakterisierung des „rachsüchtigen Juden" (oder Israeli) religiöse Bedeutungen. Das Erkennen und Wissen um diese Verbindungslinien und ihre flexible Wandelbarkeit je nach politischer Kultur, Ideologie und Akteuren erleichtert die Dekonstruktion antisemitischer Texte, Bilder und Filme.

Karikatur zur Ritualmordlegende 2

Al-Watan, July 24, 2002 (Qatar)

Scharon hält in der Karikatur einen Kiddusch-Becher mit der arabischen Aufschrift „Das Blut der palästinensischen Kinder" hoch, womit an die Ritualmordlegende, dass Juden das Blut Unschuldiger für rituelle Handlungen verwendeten, angeknüpft wird. Die Verbindung zum Antiamerikanismus wird wiederum deutlich durch den Aufdruck „Made in USA" am Fuß des Bechers.

Quelle: Jüdisches Museum Hohenems (Schwarz 2005)

Antiislamismus

Reduktion auf Religion

Mit Vorurteilen gegenüber Muslimen verhält es sich etwas anders. Zwar gilt ebenfalls der Konstruktionscharakter, der weit mehr über die Schwierigkeiten und Identitätsfindungsprozesse der Mehrheitsgesellschaft aussagt als über die Religion der Muslime, gleichzeitig findet aber im Falle der Zuwanderer und Zuwanderinnen aus vorwiegend islamisch geprägten Regionen eine Reduktion auf die Religion statt. Bei alltäglichen Diskriminierungserfahrungen ist jedoch eine präzise Unterscheidung zwischen ethnischer und religiöser Diskriminierung oftmals schwierig. Für die von Ausgrenzung, Zurücksetzung und Anfeindungen Betroffenen ist dies allerdings auch nicht relevant.

Muslime in Europa: eine heterogene Gruppe

Muslime schon lange in Europa

Muslime in Europa sind eine sehr heterogene Gruppe. In einigen Regionen wie auf dem Balkan, auf Zypern, Sizilien und auf der Iberischen Halbinsel leben Muslime seit vielen Jahrhunderten. Unser Fokus richtet sich aber fast ausschließlich auf die Muslime, die seit den 1960er Jahren als „Gastarbeiter" nach Europa kamen und deren Nachkommen, auf Asylbewerber, die vor allem in den 1990er Jahren als Flüchtlinge aus Jugoslawien Schutz suchten, und in den Niederlanden, Frankreich und Großbritannien aus den ehemaligen Kolonien nach Europa Zugezogene. Die mindestens 13 Millionen in Europa lebenden Muslime stammen aus Afghanistan, Albanien, Algerien,

Angelika Königseder

Bangladesch, Bosnien und Herzegowina, dem Irak, Iran, dem Libanon, Marokko, Pakistan, Somalia, Syrien, der Türkei, Tunesien, um nur die größten Gruppen zu nennen. Mit dem Begriff Herkunftsländer ist allerdings mit gebotener Vorsicht umzugehen, weil diese für viele Muslime nur noch die Heimat ihrer Eltern oder Großeltern sind und sie hier in Europa geboren sind. Etwa die Hälfte der britischen Muslime zum Beispiel ist in England geboren. Die meisten der in Dänemark, Deutschland, den Niederlanden und Österreich lebenden Muslime haben türkische Wurzeln, in Belgien und Spanien hingegen marokkanische, in Frankreich algerische und in Großbritannien pakistanische und bangladeschische. Damit einher gehen verschiedene ethnische Zugehörigkeiten wie etwa die türkische und kurdische oder die arabische und berberische. Die in Europa lebenden Muslime gehören also völlig verschiedenen Kulturkreisen an, sprechen verschiedene Sprachen, sind Sunniten, Schiiten oder Aleviten, sind konservativ oder säkular. Bei „den" Muslimen handelt es sich folglich um eine sehr heterogene Minderheit, die oft wenig untereinander verbindet. Etwa 3,5 Prozent der europäischen Bevölkerung sind Muslime, wobei die Zahlen und die Herkunftsländer in den einzelnen Staaten erheblich variieren. Große muslimische Minderheiten leben in Belgien, Dänemark, Deutschland, Frankreich, Griechenland, Großbritannien, Italien, den Niederlanden, Österreich, Schweden und Spanien, deutlich kleinere Gruppen in den baltischen Staaten, Finnland, Irland, Polen, Tschechien, der Slowakei und Ungarn.

Fokus auf neuen Zuwanderern

Verschiedene ethnische Zugehörigkeiten

Reduktion auf die Religion

Trotz dieser Vielfalt schreibt die Mehrheitsgesellschaft das Leben und Verhalten von Muslimen „dem Islam" zu und vergisst dabei das Gebot der Anerkennung von Mehrfachzugehörigkeiten, lässt alles Individuelle außen vor – und gibt damit das zentrale Vermächtnis des europäischen Aufklärungsgedankens auf. Die Journalistin Hilal Sezgin spricht von einer „Muslimifizierung", der sie sich ausgesetzt fühlt, und betont, wie wichtig es ist, als Individuum und nicht nur als Exemplar einer sozialen Kategorie wahrgenommen zu werden. Migranten werden in der Regel als Muslime verstanden, auch in Fällen, in denen dies gar nicht zutrifft, wie zum Beispiel bei dem deutschen SPD-Bundestagsabgeordneten Sebastian Edathy, der Sohn eines indischen evangelischen Pfarrers ist, aber seit einiger Zeit Zuschriften erhält, in denen er als „Drecksmoslem" oder „Steigbügelhalter des Islamofaschismus" verleumdet wird (Blick 2009).

Mehrfachzugehörigkeiten werden ignoriert

Migranten werden „muslimifiziert"

Neben der Reduzierung der Migranten auf ihre tatsächliche oder vermeintliche Religionszugehörigkeit steht der vor allem von medialer und politischer Seite konstruierte Zusammenhang von islamistischem Terrorismus mit der muslimischen Religion im Raum. Dadurch wird das Bild einer gewalttätigen Glaubensgemeinschaft befördert, die es zum eigenen Schutz abzuwehren gelte. Religiöse Vorurteile gegen Muslime sind aber viel älter als der islamistische Terrorismus. Die Schilderung der für das Christentum bedrohlichen, raschen Ausdehnung des Islam im 7. und 8. Jahrhundert, der Kreuzzüge, vor allem jedoch der „Türken vor Wien" in den Jahren 1529 und 1683 vermittelte bis in die jüngste Zeit die Vorstellung, dass die Muslime einen „Heiligen Krieg" mit dem Ziel einer gewaltsamen Bekehrung der Unterjochten zum Islam führten. Der Theologe Thomas Naumann erklärt das Entstehen dieser Vorstellung mit der Projektion des Charakters christlicher Herrschaft, der durch diese Zwangstaufen geprägt ist, auf den Islam; den historischen Tatsachen entspricht sie nicht (Naumann 2009, 23 ff. u. 28). Aus christlicher Sicht kann auf Jesus Christus kein weiterer Prophet folgen, weil durch ihn die Heilsgeschichte ihre Erfüllung gefunden hat. Der Islam anerkennt zwar Jesus als Propheten, begreift jedoch Muhammed als letzten Propheten, dessen Offenbarungen (Koran) als endgültig anzusehen sind. Beide Religionen reklamieren einen universalen Wahrheitsanspruch und treten dadurch in Konkurrenz. Während das Christentum im Mittelalter den Islam und den Propheten Muhammed mit allen zur Verfügung stehenden Mitteln bekämpfte, verhielten sich Muslime dem „älteren" Glauben gegenüber etwas toleranter.

Alte Angst vor bedrohlichem Islam

Projektion des Charakters christlicher Herrschaft

Diskriminierung aufgrund von religiöser Zugehörigkeit

Gegen die politische Instrumentalisierung von Religion

Aufbrechen von verfestigten Bildern

Zentrales Bemühen der Lehrenden muss sein, die so banale wie folgenreiche Gleichsetzung Islam = Politik = Fundamentalismus = Gewaltbereitschaft aufzubrechen. Nicht zuletzt durch Bilder wird suggeriert, der Islam sei per se eine gewalttätige Religion. Damit werden vermeintliche oder auch real vorhandene Integrationsschwierigkeiten auf eine angebliche Unvereinbarkeit des Islam mit sogenannten westlichen Werten zu erklären versucht. Eberhard Seidel nennt dies sehr treffend die „Religionisierung der Ausländer- und Integrationsdebatte" (Seidel 2008, 253). Diese Konstruktion aufzubrechen, indem die Religion und deren Instrumentalisierung für politische Auseinandersetzungen getrennt werden, ist für das Bemühen, Diskriminierung aufgrund religiöser Zugehörigkeit zu bekämpfen, zentral. Im Schulalltag stehen nämlich nur in sehr seltenen Fällen tatsächliche theologische Differenzen im Raum, sondern vielmehr das konstruierte Feindbild einer gewalttätigen Religion Islam. Unbedingt sollte vermieden werden, muslimische Kinder zur Erklärung terroristischer Handlungen heranzuziehen, indem eine pauschale Gleichsetzung von Terrorismus und islamischer Religion suggeriert wird („Warum sind denn Muslime so gewalttätig?" „Warum ist das bei euch so?"). Gleiches gilt für die Thematisierung des Nahost-Konflikts in der Schule. Weder jüdische noch muslimische Kinder stehen stellvertretend für Israel oder Palästina, sie sind nicht für den Konflikt verantwortlich zu machen, wissen häufig über die komplexe Situation im Nahen Osten wenig und keinesfalls ist eine Reduktion dieses politischen Konflikts auf die Religion zielführend. Eine besondere Herangehensweise ist erforderlich, wenn Kinder direkt betroffen sind, sei es als Angehörige von Opfern oder aufgrund anderer biographischer (oder ggf. auch geographischer) Bezüge. Wie in jeder anderen Situation im Schulalltag gilt auch in diesem Fall, dass die persönliche Betroffenheit ernst genommen werden muss und Grundlage für jedes weitere Gespräch über den Konflikt sein muss.

Gleichsetzung Terrorismus/Islam vermeiden

Persönliche Betroffenheit ernst nehmen

Missverständnisse oft durch ...

... Scham über zu wenig Geld

Sehr häufig werden Schwierigkeiten, die bei der Integration der Zuwanderer im sozialen und wirtschaftlichen Bereich auftreten können, der Religion, sprich: dem Islam, zugeschrieben. Schnell ist die Rede von einer angestrebten „Parallelgesellschaft" und Integrationsverweigerung, wo beruflich schlecht qualifizierte Migranten lediglich auf der Suche nach billigem Wohnraum sind. Diese Gefahr existiert auch im schulischen Umfeld. So ist in vielen Fällen das „Verbot", an einer Klassenfahrt teilzunehmen, nicht auf „religiös-kulturelle Andersartigkeit" zurückzuführen, sondern schlicht ein Zeichen fehlender finanzieller Möglichkeiten, verbunden mit Ängsten, darüber zu sprechen, oder mit Unwissen über etwaige Hilfsangebote. Viele Konflikte im Klassenzimmer, die vermeintlich mit der Religion der Migranten in Verbindung gebracht werden, ließen sich pragmatischer lösen, wenn im Bewusstsein der Lehrenden die vermeintlich religiös bedingten Integrationsschwierigkeiten als das begriffen würden, was sie meist sind: ökonomische und soziale Probleme, häufig verbunden mit unzureichenden sprachlichen Kompetenzen. Nun kann Schule nicht alle staatlicherseits vernachlässigten Integrationsbemühungen auffangen, aber in vielen Fällen ist das Wissen um die Hintergründe Voraussetzung, um pragmatische Lösungen im Klassenzimmer zu finden.

Lernziel: Umgang mit Diversität

Wissen über eigene Religion

Wissen über die anderen Religionen

Auch in Bezug auf die Religion ist das übergeordnete Lernziel der selbstverständliche Umgang mit Diversität. Voraussetzung für die vorbehaltlose Anerkennung anderer Glaubensgemeinschaften ist das Wissen über die eigene Religion, das schrittweise mit Wissen über Geschichte, Tradition und Kultus der anderen Religionen erweitert wird. Im oftmals multi-religiösen Klassenzimmer begegnet die überwiegend im christlichen Umfeld sozialisierte Mehrheit der Lehrerinnen und Lehrer dabei der Her-

Angelika Königseder

ausforderung, diese Voraussetzung für alle Mitglieder der Klassengemeinschaft gleichberechtigt herzustellen. Von zentraler Bedeutung ist dabei die vorbehaltlose Anerkennung und Wertschätzung der verschiedenen Religionen. Dies kann nicht in einer speziellen Unterrichtseinheit stattfinden, sondern muss dauerhaft Eingang in den Schulalltag finden. Der selbstverständliche Umgang der Lehrenden mit religiöser Diversität, der im Alltag ohne Hierarchisierung auskommt, ist dabei von kaum zu überschätzender Bedeutung. In diesem Zusammenhang sollte im Klassenzimmer nicht nur ein Kalender angebracht werden, der die Feiertage der verschiedenen Religionen für alle sichtbar macht, sondern deren Respektierung muss auch Bestandteil des Schulalltags sein. Die Rücksichtnahme, indem z. B. am Tag nach einem Fest, das üblicherweise am Abend begangen wird, nicht am nächsten Morgen eine Klassenarbeit geschrieben wird, verbessert das Klima deutlich.

Diversität, Respekt, Rücksichtnahme

U | UNTERRICHTSANREGUNGEN

Gemeinsam multireligiösen Kalender herstellen

Gemeinsame Anfertigung eines Kalenders, der die Feiertage der drei Religionen Christentum, Islam und Judentum für alle erkennbar macht. (Dies muss natürlich erweitert werden, falls Kinder mit einer anderen Religionszugehörigkeit in der Klasse vertreten sind.)

Anregung 1

Unabdingbar ist neben der Respektierung der Feiertage, dass deren religiöser Hintergrund kurz erläutert wird, um den Schülern und Schülerinnen die verschiedenen Religionen (dabei nicht zuletzt auch die eigene) vertrauter zu machen. Damit werden automatisch Ängste über die Religion der „anderen" abgebaut. Sinnvoll wäre ein fächerübergreifendes Bemühen, die verschiedenen Feiertagsrituale zu „sammeln", also etwa im Musikunterricht Lieder, im Deutschunterricht typische Rezepte für Speisen, im Religionsunterricht die religiösen Inhalte usw. Leitgedanke muss dabei der selbstverständliche, alltägliche, „ganz normale" Umgang mit religiöser Diversität sein.

Fächerübergreifendes Arbeiten

Gotteshäuser besuchen

Ein wichtiges Signal ist auch der Besuch von Gotteshäusern. In vielen Moscheen, Kirchen und Synagogen werden mittlerweile Führungen für Schulklassen angeboten. Häufig wirkt diese Begegnung am „außerschulischen Lernort" deeskalierend auf Konflikte im Schulalltag, die ursächlich vor allem mit dem Islam in Verbindung gebracht werden. Achten Sie beim Besuch von Gotteshäusern auf die Ausgewogenheit, indem Sie alle in der Klasse vertretenen Religionen berücksichtigen.

Anregung 2

Schulbücher analysieren

Schulbücher transportieren häufig Vorurteile. Manchmal ist das gar nicht so leicht zu erkennen. Untersuchen Sie z. B., wie im Geschichtsbuch (evtl. zum Vergleich auch in anderen Geschichtsbüchern aus der Schulbibliothek) jüdisches Leben in Europa im Mittelalter dargestellt wird. Wird dort tatsächlich die jüdische Geschichte abgebildet oder eher die Vorurteile der christlichen Mehrheitsgesellschaft (Brunnenvergiftung, Ritualmord, Geldverleih), die dann vermeintlich die Verfolgung der Juden verursachten? Es sollte dabei besonders darauf geachtet werden, ob auch Juden zu Wort kommen, ob nur christliche oder auch jüdische Abbildungen abgedruckt sind, ob Juden als „Fremde" gezeichnet werden. Sind sie nur als Geldverleiher oder auch als Ärzte, Apotheker, Gelehrte, Schächter, Bäcker und Handwerker dargestellt? In manchen Schulbüchern ist bis heute zu lesen, dass Juden im Mittelalter in den Städten in Gettos gelebt hätten. Bis zum 15. Jahrhundert charakterisiert der Begriff „Getto", den wir – nicht zuletzt geprägt durch die von den Nationalsozialisten eingerichteten Gettos – als Zwangsgemeinschaft verstehen, das jüdische Leben im Mittelalter nicht. Geeigneter wäre z. B. der Begriff „jüdisches Viertel".

Anregung 3

Wer kommt zu Wort?

Diskriminierung aufgrund von religiöser Zugehörigkeit

Das jüdische Viertel Das „Handbuch des Antisemitismus" dazu: „Das jüdische Viertel war [...] ein ‚durchlässiges' Gebilde, das von Juden verlassen und von Christen betreten wurde. Wasser schöpfte man aus denselben Brunnen; Synagoge und Kirche trennte teils nur eine kurze Strecke; das Wirtshaus wurde von Juden wie Christen frequentiert; jüdische Musiker spielten auf christlichen Festen und umgekehrt; christliche Knechte und Mägde arbeiteten für jüdische Arbeitgeber; jüdische Ärzte untersuchten christliche Patienten usw. Insgesamt ist es kaum möglich, von separaten christlichen und jüdischen Lebenswelten zu sprechen, die der Begriff ‚Getto' nahelegt." (Matut 2011)

Spurensuche Die Lage der mittelalterlichen „jüdischen Viertel" ist manchmal noch heute an den Straßennamen zu erkennen. Die Bezeichnungen „Judenhof", „Judengasse" oder „Judenstraße" erinnern z. B. an eine jüdische Siedlung. Eine Spurensuche bietet sich an.

Kult um „Ritualmordopfer" thematisieren

Anregung 4

Geschichte einer Verleumdung

Verehrung erst 1995 verboten

In Österreich wurde bis weit in das 20. Jahrhundert hinein der Kult um ein angebliches Ritualmordopfer wachgehalten: Anderl von Rinn (bei Innsbruck). Das Gerücht, dass das Kind Andreas Oxner (Anderl) im Jahr 1462 von seinem Taufpaten an jüdische Kaufleute verkauft und anschließend auf grausame Art ermordet worden sei, rief der Arzt Hippolyt Guarinoni mehr als 150 Jahre nach diesem angeblichen Ritualmord ins Leben. In Rinn entwickelte sich daraus ein Kult, der bis ins 20. Jahrhundert gepflegt wurde. 1678 wurde in Judenstein bei Rinn eine Kirche zu Ehren des Anderl geweiht, in der ab 1744 seine angebliche Reliquie aufbewahrt wurde. Rinn wurde jahrhundertelang zum Wallfahrtsort, an dem die Gläubigen das „Ritualmordopfer" Anderl wie einen Heiligen verehrten. Erst nach und nach distanzierte sich die Amtskirche von der Verehrung des Anderl, seit den 1990er Jahren ist die Kirche umgewidmet und seit 1995 die öffentliche Verehrung des Anderl von Rinn verboten. Aber bis heute pflegen fundamentalistische Katholiken diesen Kult (siehe M$_1$).

Immer wieder aktuelle Vorkommnisse aufgreifen

Anregung 5

Ständige, wiederholte Arbeit

Greifen Sie im Unterricht aktuelle Vorkommnisse, in denen religiöse Vorurteile eine Rolle spielen, auf! Der selbstverständliche Umgang mit religiöser Diversität ist nicht in einer Unterrichtseinheit abzuhandeln, sondern muss immer wieder „eingeübt" werden. Betrachten und dekonstruieren Sie zum Beispiel im Vorfeld von Wahlen die Plakate von Parteien wie beispielsweise der FPÖ in Österreich, die religiöse Vorurteile politisch instrumentalisieren. (Zur Dekonstruktion von Bildern siehe Widmann 2008 sowie das Internetmodul „Politische Bildstrategie" auf www.demokratiezentrum.org.) Oder thematisieren Sie populistische Unternehmungen wie die Anti-Moscheebau-Initiative in der Schweiz (siehe auch Wahlplakat auf S. 11). Häufig lassen sich dazu regionale Bezüge herstellen.

Angelika Königseder

Entstehungsgeschichten von Ritualmordlegenden reflektieren
Diskutiert über die Entstehung und Entwicklung des „Anderl-von-Rinn-Kults" und die beiden Leserbriefe!

Arbeitsvorschlag 1

DER ANTISEMITISCHE KULT UM ANDERL VON RINN — M 1

Im Folgenden sind zwei Leserbriefe aus dem „ff-Südtiroler Wochenmagazin" aus dem Jahr 2006 abgedruckt. Zunächst schildert der Südtiroler Mesner Josef U. seine Wallfahrt nach Rinn im Sommer 2006:

„Jedes Jahr am 3. Sonntag im Juli fährt eine Gruppe von sogenannten Altkatholiken von Südtirol nach Rinn bei Innsbruck zum seligen Andreas (Anderl genannt), der im Jahre 1475 von den Juden grausam zu Tode gemartert wurde, der Anderl war erst 2 Jahre alt. Weil ich in Rinn noch nie gewesen bin, so fuhr ich, weil mich die Gegend und die Feier vom Anderl wunderte, heuer auch mit. Die Feier in Rinn war wirklich ergreifend. Was mir weniger gefiel, war, dass bei der Hin- und Rückfahrt immer gebetet wurde, und was da alles gebetet wurde. Ich verstehe, gebetet wird nie genug, überhaupt in der heutigen kritischen Zeit nicht. Doch was zu viel ist, ist einfach zu viel. Draußen in Rinn zog man in Prozession von der Kirche zum Geburtshaus vom Anderl. Die Messfeier wurde nach dem Tridentinischen Konzil gefeiert, also auf Lateinisch, wobei bei der ganzen Messfeier auch das Allerheiligste auf dem Altar ausgesetzt wurde. Der Priester zelebrierte die Messfeier mit allem Drum und Dran zum Altar gerichtet, nicht zum Volk. Einerseits gefiel mir diese Feier gut, auf der anderen Seite kam mir diese ganze Feier samt den Pilgern wie eine Sekte vor. Solche Leute, die den Papst und das 2. Vatikanum [2. Vatikanisches Konzil] nicht anerkennen, kann man ruhig als Sekte bezeichnen. Mir kommt vor, diese Leute bräuchten eine besondere Erleuchtung vom Heiligen Geist, damit sie endlich einmal umdenken."

Quelle: U., Josef (Mesner in Südtirol): Leserbrief, in: „ff-Südtiroler Wochenmagazin", 17.8.2006 (ff-online.com; Nr. 33/06, entnommen aus der CD-ROM „Gegen Antisemitismus", Cornelsen Verlag).

Ein anderer Leser missbilligte den Abdruck dieses Leserbriefes:

„Der Leserbrief von Josef U. [...] hätte wegen seines antisemitischen Inhaltes nicht veröffentlicht werden dürfen – oder er hätte zumindest einer Distanzierung bzw. eines erläuternden Kommentars der Redaktion bedurft. U. gibt die Behauptung wieder, wonach das zweijährige Kind Andreas von Rinn im Jahre 1475 von den Juden grausam ermordet worden sei. So lautet die Anderle-von-Rinn-Legende, die der Haller Arzt Hippolytus Guarinoni im Jahr 1619 erfunden hat. Die Legende beruht wie alle rund 300 überlieferten Ritualmordlegenden in Europa nicht im Geringsten auf Tatsachen, sondern ist Ausdruck eines brutalen Antisemitismus. Dies hat auch die Amtskirche eingesehen, die den üblen Anderle-von-Rinn-Kult 1985 durch Bischof Stecher verboten hat, leider ohne Erfolg, wie man aus dem Brief Us schließen muss. [...]"

Quelle: Staffler, Hartmuth (Brixen): Leserbrief, in: „ff-Südtiroler Wochenmagazin", 24.8.2006 (ff-online.com: Nr. 34/06, entnommen aus der CD-ROM „Gegen Antisemitismus", Cornelsen Verlag).

Diskriminierung aufgrund von religiöser Zugehörigkeit

Arbeitsvorschlag 2

Einseitige Wahrnehmung „der Muslime" hinterfragen

Überlegt in kleinen Gruppen, ob euch bereits Ähnliches widerfahren ist, vielleicht auch in ganz anderen Zusammenhängen (etwa als Österreicher, als „Streber", als Sportlerin usw.). Fertigt als Klasse ein Plakat an, das die verschiedenen Gruppenzugehörigkeiten der einzelnen Schüler und Schülerinnen (Religionsgemeinschaft, Schule, eigene Herkunft, Herkunft der Großeltern, Arbeitsgemeinschaften, Sportvereine, Musik, Hobbys) und mögliche Schnittmengen deutlich macht. Versucht die Ergebnisse graphisch und für alle anschaulich darzustellen, damit Gemeinsames und Individuelles sichtbar wird. Diskutiert, wie ihr in den verschiedenen Gruppierungen wahrgenommen werdet und ob ihr möglicherweise in verschiedene Rollen schlüpft. Fühlt ihr euch in einer/mehrerer dieser Gruppenzugehörigkeiten diskriminiert oder vielleicht auch privilegiert? Welche Zuordnung ist euch dabei besonders wichtig?

MUSLIME WERDEN „IN EINEN TOPF GEWORFEN" — M 2

Im Folgenden sind drei Textauszüge abgedruckt, in denen Muslime ihren Unmut ausdrücken, dass sie nicht als Menschen mit verschiedenen Interessen und Gruppenzugehörigkeiten wahrgenommen werden, sondern unabhängig von ihrer religiösen Einstellung nur als „Muslime".

Textstelle 1

Die Familie des Orientalisten und Publizisten Navid Kermani stammt aus dem Iran. Kermani lebt in Köln: „Ich bin Muslim, ja – aber ich bin auch vieles andere. Der Satz ‚Ich bin Muslim' wird also in dem Augenblick falsch, ja geradezu ideologisch, wo ich mich ausschließlich als Muslim definiere – oder definiert werde. Deshalb stört es mich auch, dass die gesamte Integrationsdebatte sich häufig auf ein Für und Wider des Islams reduziert – als ob die Einwanderer nichts anderes seien als Muslime. Damit werden alle anderen Eigenschaften und Faktoren ausgeblendet, die ebenfalls wichtig sind: Woher sie stammen, wo sie aufgewachsen sind, wie sie erzogen wurden, was sie gelernt haben."

Quelle: Kermani, Navid: WER IST WIR? Deutschland und seine Muslime. München 2009

Textstelle 2

Ein muslimischer Däne bringt diese reduzierte Wahrnehmung so auf den Punkt: „Ich bin erstaunt, wie viele sehr gebildete Leute in meinem eigenen Freundeskreis plötzlich sagen ‚ihr Muslime'. Ich antworte dann immer: ‚Entschuldige? Von wem sprichst du? Haben wir zwei Hörner und einen Schwanz? Wer bin ich? Ich bete nicht und halte den Ramadan nicht ein, warum sagst du dann ‚ihr Muslime' zu mir? [...] In den Köpfen der Dänen gibt es keinen Unterschied zwischen Türken, Marokkanern oder sonst wem, sie sind alle Muslime. [...] Sie werfen alles in einen großen Topf, auf dem geschrieben steht: ‚Problem'."

Quelle: EUMC (Hg.): Wahrnehmung von Diskriminierung und Islamfeindlichkeit. Stimmen von Mitgliedern muslimischer Gemeinschaften in der Europäischen Union. 2006

Textstelle 3

Unter der Überschrift „Deutschland schafft mich ab" äußerte sich die in Frankfurt am Main geborene Hilal Sezgin, die heute in der Lüneburger Heide lebt. Mit dem Titel bezog sie sich auf die Debatte um das 2010 erschienene Buch von Thilo Sarrazin „Deutschland schafft sich ab", das wegen seiner rassistischen, menschenfeindlichen Thesen heftig kritisiert wurde, bei einem breiten Publikum jedoch auf – wenigstens verhaltene – Zustimmung stieß: „Debatten, wie Thilo Sarrazin sie führt, haben mich als türkischstämmige Intellektuelle muslimifiziert. [...] Allerdings ist er nicht der Erste, für den die Worte muslimisch und migrantisch offenbar dasselbe bezeichnen. Das geht schon seit Jahren so. Vielleicht gibt es in unseren neuen biometrischen Pässen bereits eine Rubrik dafür? Einmal Migrant, immer Migrant. Einmal Muslim, immer Fremder. Wie jeder weiß, bedeutet das unter anderem, bildungsfern und -faul zu sein. Als Mädchen bereits unters Kopftuch, dann in die Ehe gezwungen zu werden. Muss ich mal nachdenken, ob das so stimmt ..."

Angelika Königseder

In Frankfurt am Main bin ich geboren und teilweise auch aufgewachsen, nämlich zwischen dem Senckenberg-Naturkundemuseum mit seinen Dinosaurierskeletten, einem geheimnisumwobenen Skorpionkeller in der Myliusstraße und dem Springbrunnen auf dem Campus der Universität. Meine beiden Eltern sind nämlich Wissenschaftshistoriker mit Leib und Seele. Als ich klein war, übte mein Vater mit mir in der Küche anhand von Töpfen und Stühlen die Bewegungen des Planetensystems. Das gereichte mir später zum Nachteil, als ich zur Lehrerin sagte, auch unser Sonnensystem sei in Bewegung; offizielles Grundschulwissen besagte, die Sonne stünde fix. Meine Mutter wiederum schleppte mich in Museen, ohne Baedeker, dafür aber mit ihrem furchteinflößenden Gedächtnis im Gepäck. Wenn an den Wänden Bilder längst verstorbener Adliger hingen (Otto der Furchtsame, Isabella die Hartherzige oder wie sie alle hießen), begrüßte sie jeden von ihnen wie einen alten Bekannten. Auch sie sorgte in der Grundschule für Ärger, weil sie sich immer über die Farben der Schülertoiletten lustig machte: Rosa für die Mädchen, Hellblau für die Jungs. Dieses Apartheidsystem der Geschlechter war ihr ein Gräuel, ebenso wie meinem Vater, der mir, sobald ich nur einen Hammer halten konnte, sämtliche Inhalte seiner Werkbank überließ. Bildungsunwillig und patriarchal klingt das nicht.

Vielleicht reichen die wenigen Sätze über meine Jugend bereits, damit Sie mir glauben, dass meine Eltern und ich zwar Muslime sind – aber eben nicht von der schlimmen Sorte, die man ständig im Fernsehen sieht. Solche also, die kein Deutsch lernen wollen, Bomben gegen Andersgläubige einsetzen, Hartz IV [Anm. A.K.: Arbeitslosengeld] abzocken und in ihrer Freizeit Zwangsverheiratung praktizieren. Wir also sind nicht ‚so'. Aber bitte glauben Sie mir auch etwas viel Wichtigeres: Ganz viele andere Muslime sind es eben auch nicht! Überhaupt würde ich die These wagen: Muslime sind beinahe normale Leute. Stärkere These: Individuen sogar! Mit unterschiedlichen Fähigkeiten und Berufen, mit Träumen und Ängsten …

Nach klassischem Verständnis heißt Religionsfreiheit, dass erstens jeder das Recht hat, seinen jeweiligen Glauben zu praktizieren. Zweitens, dass er das Recht hat, an die Inhalte gar keiner Religion zu glauben. Vielleicht ist es an der Zeit, ein drittes Recht zu verteidigen: das, über die eigene Religion zu schweigen. Nicht ständig als Mitglied einer bestimmten Religion adressiert zu werden. Das Recht, selbst zu bestimmen, in welchen Kontexten die eigene Religionszugehörigkeit von Bedeutung ist und wann nicht. Der Mehrheit kommt dieses Recht natürlich so selbstverständlich zu, dass sie es nicht erst in Anspruch nehmen muss; niemand würde auf die Idee kommen, eine deutsch-deutsche Sachbearbeiterin als ‚evangelisch' oder ‚katholisch' zu etikettieren, wenn sie nicht gerade bei einer Kirche angestellt ist. Doch für Minderheiten gelten eigene Regeln, hier wie in anderen Kontexten. Nur sie sind es, die sich erklären müssen oder über die man entsprechend aufklärt. ‚Unser schwuler Freund Ole.' – ‚Meltem Dikkaya. Sie ist Sachbearbeiterin und Muslimin.'

Als Frau wird man nicht geboren, zur Frau wird man gemacht, schrieb einst Simone de Beauvoir als Credo des Feminismus. Laut herkömmlicher islamischer Auffassung wird jeder Mensch als Muslim geboren. Meine Erfahrung ist allerdings anders: Auch zum Muslim wird man gemacht. Egal, ob man will, egal, was man gelernt hat. Wenn man einen bestimmten Teint hat, eine ‚typische' Nase, einen ‚einschlägigen' Namen, Eltern aus einem der verdächtigen Länder. [...] Ich nenne es: Muslimifizierung. [...] Das Problem ist: Für eine steigende Zahl anderer Deutscher sind Muslime nie Teil des gemeinsamen Wir, sondern immer die anderen. ‚Sie' machen ‚uns' zu ‚denen'."

Quelle: Sezgin, Hilal: Deutschland schafft mich ab, in: Die Zeit, 2.9.2010

Diskriminierung aufgrund von religiöser Zugehörigkeit

Arbeitsvorschlag 3

Unreflektierten Umgang mit alten Vorurteilen erkennen
Was fällt euch spontan zum folgenden Titelblatt der Wochenzeitschrift „Der Spiegel" ein? Besprecht eure Beobachtungen in der Klasse. Bezieht den Zeitungsartikel anschließend in eure Überlegungen mit ein.

NAHOSTBERICHTERSTATTUNG M 3

Quelle: Der Spiegel, Nr. 15/2002

Der Journalist Richard Chaim Schneider kommentierte die unkritische Verwendung der Bibelstelle „Auge um Auge, Zahn um Zahn" in dem nachfolgenden Artikel aus der „Süddeutschen Zeitung" und zeigt auf, wie durch Weglassen und Vereinfachen falsche Schlussfolgerungen gezogen und Vorurteile weiterverbreitet werden:

„Auge um Auge. Was uns die Zitate der Nahost-Kommentatoren enthüllen
Wenn Journalisten und Politikern zum Thema Nahost nichts mehr einfällt, dann werden sie gerne biblisch und zitieren aus einer Passage des Buches Exodus, Kapitel 21, Vers 23/24: ‚Auge um Auge, Zahn um Zahn'. Eine ideale Beschreibung der Situation in Israel, meinen sie, weshalb diese Formel gerne für Artikelüberschriften oder ganze Titelseiten verwendet wird. Denn sie ist knapp und angeblich treffend: Die Israelis seien nämlich ebenso rachsüchtig wie ihr alttestamentarischer Gott, meinen jene Bibelkenner. Das jüdische Prinzip ‚Rache' stünde also der christlichen ‚Nächstenliebe' diametral gegenüber – im Grunde gäbe es darüber hinaus nichts dazu zu sagen. Auf diese Weise werden 2000 Jahre christlicher Antijudaismus in einem Zitat aufgefangen, und niemand fragt danach, ob dessen populäre Interpretation überhaupt richtig ist. In Wahrheit besagt diese Passage etwas völlig anderes. Der volle Wortlaut liest sich so: ‚Tritt aber ein Unglücksfall ein, so setze: Leben um Leben, Auge um Auge, Zahn um Zahn, Hand um Hand, Fuß um Fuß, Brandmal um Brandmal, Wunde um Wunde, Strieme um Strieme.' (Übersetzung von Naftali Herz Tur-Sinai). Dieser Vers ist eine große Errungenschaft des Judentums. Er betont die Verhältnismäßigkeit der Forderungen des Geschädigten und den Schadensersatz. War es zu biblischen Zeiten üblich, buchstäblich (!) zwei Augen und mehr für ein Auge zu fordern, zwei Zähne und mehr für einen Zahn, so macht die jüdische Ethik damit Schluss. In der jüdischen Rechtsprechung wurde dies stets berücksichtigt. Von frühesten Zeiten an wurde der Schadensersatz finanziell abgegolten. Die Rabbiner nahmen die Einschätzung des jeweiligen Verlustes vor und achteten penibel darauf, dass derjenige, der den Schaden zugefügt hatte, nicht selber zum Geschädigten wurde, indem er mehr geben musste als nötig.

Das alles wissen jene Meinungsmacher natürlich nicht, die das Zitat als antijudaistische Floskel ewig wiederholen und sich dabei auch noch für besonders originell halten. Dieser unreflektierte Umgang mit einem uralten Vorurteil erzählt sehr viel mehr über den Benutzer als über den Nahostkonflikt.
Tatsächlich könnte man froh sein, wenn im Nahen Osten das biblische Vorbild des ‚Auge um Auge, Zahn um Zahn' gelten würde. Schadensersatz und finanzieller Ausgleich würden die Probleme lösen – kein neues Blutvergießen oder zusätzliche Verbrechen wären nötig und möglich. Der Bibelvers könnte also durchaus ein Schlüssel auf dem Weg zu einem Friedensvertrag sein. Dagegen hilft uns der Antijudaismus jener deutscher Kommentatoren, die nicht einmal wissen, was sie tun, ganz gewiss nicht weiter."

Quelle: Schneider, Richard Chaim: Auge um Auge. Was uns die Zitate der Nahost-Kommentatoren enthüllen, in: Süddeutsche Zeitung, 15.4.2002

LITERATUR

Anne Frank Haus Amsterdam (Hg.): „Alle Juden sind ...". 50 Fragen zum Antisemitismus. Mülheim an der Ruhr 2008

Antisemitismus in Europa. Vorurteile in Geschichte und Gegenwart. Arbeitsmaterialien. 2 Hefte: Drei Bausteine für Unterricht und außerschulische politische Bildung und Handreichungen für Lehrkräfte. Bonn 2008 (zu beziehen über Bundeszentrale für politische Bildung, Bonn)

Bergmann, Werner: Geschichte des Antisemitismus. München 2002

blick nach rechts Nr. 9 (2009)

Braun, Christina von/Mathes, Bettina: Verschleierte Wirklichkeit. Die Frau, der Islam und der Westen. Berlin 2007

EUMC (Hg.): Wahrnehmung von Diskriminierung und Islamfeindlichkeit. Stimmen von Mitgliedern muslimischer Gemeinschaften in der Europäischen Union. 2006

Horváth, Franz Sz.: Ritualmordvorwurf in Tiszaeszlár (1882), in: Benz, Wolfgang (Hg.): Handbuch des Antisemitismus. Judenfeindschaft in Geschichte und Gegenwart. Bd. 4: Ereignisse, Dekrete, Kontroversen. Berlin 2011, 355f.

Jäger, Siegfried/Halm, Dirk (Hg.): Mediale Barrieren. Rassismus als Integrationshindernis. Münster 2007

Kermani, Navid: WER IST WIR? Deutschland und seine Muslime. München 2009

Matut, Diana: Ghetto im Mittelalter, in: Benz, Wolfgang (Hg.): Handbuch des Antisemitismus. Judenfeindschaft in Geschichte und Gegenwart. Bd. 4: Ereignisse, Dekrete, Kontroversen. Berlin 2011, 147–150

Naumann, Thomas: Feindbild Islam – Historische und theologische Gründe einer europäischen Angst, in: Schneiders, Thorsten Gerald (Hg.): Islamfeindlichkeit. Wenn die Grenzen der Kritik verschwimmen. Wiesbaden 2009

Scherr, Albert/Schäuble, Barbara: „Ich habe nichts gegen Juden, aber ...". Ausgangsbedingungen und Ansatzpunkte gesellschaftspolitischer Bildungsarbeit zur Auseinandersetzung mit Antisemitismen, Abschlussbericht. Berlin 2006

Schneider, Richard Chaim: Auge um Auge. Was uns die Zitate der Nahost-Kommentatoren enthüllen, in: Süddeutsche Zeitung, 15.4.2002

Schneiders, Thorsten Gerald (Hg.): Islamfeindlichkeit. Wenn die Grenzen der Kritik verschwimmen. Wiesbaden 2009

Schwarz, Johannes Valentin: Antisemitische Karikaturen und Cartoons Fremdbilder – Selbstbilder (aus der Didaktikmappe zur Ausstellung: Antijüdischer Nippes, populäre Judenbilder und aktuelle Verschwörungstheorien). JMH 2005, URL: http://www.jm-hohenems.at/mat/504_karikaturen.pdf (14.7.2011)

Seidel, Eberhard: In welche Richtung verschieben sich die medialen Diskurse zum Islam?, in: Heitmeyer, Wilhelm (Hg.): Deutsche Zustände. Folge 6. Frankfurt/M. 2008

Sezgin, Hilal: Deutschland schafft mich ab, in: Die Zeit, 2.9.2010

Der Spiegel, Nr. 15/2002

Staffler, Hartmuth (Brixen): Leserbrief, in: „ff-Südtiroler Wochenmagazin", 24.8.2006 (ff-online.com: Nr. 34/06, entnommen aus der CD-ROM „Gegen Antisemitismus", Cornelsen Verlag).

Tacheles Reden! Bildung gegen Antisemitismus (Broschüre zu beziehen über Tacheles Reden e.V., Lausitzerstr. 10, 10999 Berlin, http:/www.tacheles-reden.de)

U., Josef: [...] Mesner in Südtirol, Leserbrief, in: „ff-Südtiroler Wochenmagazin", 17.8.2006 (ff-online.com; Nr. 33/06, entnommen aus der CD-ROM „Gegen Antisemitismus", Cornelsen Verlag).

Widmann, Peter: Antisemitismus und visuelle Kompetenz, in: Antisemitismus in Europa. Vorurteile in Geschichte und Gegenwart. Handreichungen für Lehrkräfte. Bonn 2008 (Sonderausgabe für die Bundeszentrale für politische Bildung), S. 35–37.

Wohlrab-Sahr, Monika/Tezcan, Levent (Hg.): Konfliktfeld Islam in Europa. Baden-Baden 2007

ANREGUNGEN FÜR DIE UNTERRICHTSPRAXIS

Elfriede Windischbauer

Geschlechtersensibler Unterricht

Eine Gratwanderung zwischen Doing und Undoing Gender

Schule Abbild der Gesellschaft

Schule ist als eine hochkomplexe Institution ein Abbild der Gesellschaft – auch im Hinblick auf Geschlechterverhältnisse und Geschlechterdifferenzen. Im Sinne von Gender Mainstreaming, einer politischen Strategie, welche 1999 im Amsterdamer Vertrag auf EU-Ebene verbindlich festgelegt wurde, um männlichen und weiblichen Mitgliedern der Gesellschaft gleiche Chancen und Möglichkeiten zu eröffnen, ist die Institution Schule dazu angehalten, nachhaltige und integrierte Anstrengungen zu unternehmen, um bestehende Chancenunterschiede zwischen Schülerinnen und Schülern zu überwinden (Troltenier 2006a, 1f.).

Geschlechtersensibler Unterricht unter den Rahmenbedingungen einer Feminisierung der Schule?

Missverhältnis weibliche/männliche Lehrkräfte

Bevor im Folgenden über geschlechtergerechten oder geschlechtersensiblen Unterricht geschrieben wird, gilt es, das Augenmerk auf die Lehrerinnen und Lehrer zu legen: Schulbildung liegt europaweit v.a. in der Grundschule und in der Sekundarstufe I überwiegend in weiblicher Hand. In der Grundschule beträgt der weibliche Anteil bis zu 98 %, je höher die Schulstufe, desto größer ist die Anzahl der männlichen Lehrpersonen, wie der Vergleich des Anteils männlicher Lehrpersonen in der Primarstufe, in der Sekundarstufe 1 und 2 in einigen EU-Ländern zeigt (siehe Kasten).

Anteil von männlichen Lehrpersonen im EU-Vergleich (Schuljahr 2009/2010)						
Land	EU	Finnland	BRD	Österr.	Italien	Litauen
Primarst.	23 %	28 %	19 %	11 %	5 %	2 %
Sek. 1	40 %	29 %	41 %	36 %	27 %	18 %
Sek. 2	50 %	41 %	60 %	51 %	41 %	36 %

Quelle: Bundesministerium für Bildung, Wissenschaft und Kultur 2005, 5ff.

Schulleitung

Anders sehen die Zahlen für Schulleitungen aus: Während in Finnland z.B. nur 28 % der Volksschullehrer männlich sind, sind 68,2 % der Leiter Männer. In Österreich, wo der Anteil der Männer an den Volksschullehrern unter 10 % beträgt, sind 47,6 % der Leiter männlich (Bundesministerium für Bildung, Wissenschaft und Kultur 2005, 5ff.).

Dass dieses Missverhältnis zwischen weiblichen und männlichen Lehrpersonen, insbesondere in der Grundschule und in der Sekundarstufe I, Auswirkungen auf den Unterricht hat – z.B. im Hinblick auf Rollenvorbilder, Interessen usw. –, ist unbestritten, kann im vorliegenden Beitrag jedoch nicht näher behandelt werden.

Elfriede Windischbauer

(Un-)Doing Gender

Geschlecht ist keine angeborene Eigenschaft, vielmehr erfolgen ab der Geburt Zuschreibungen einer Zugehörigkeit und in der Folge wird adäquates Verhalten gelernt, das dieser Zuschreibung entspricht. Dieser Prozess wird als Doing Gender bezeichnet (vgl. Faulstich-Wieland 2010, 17). Von Beginn an werden an Kinder Erwartungen gestellt, die in die Symbolik der Zweigeschlechtlichkeit eingebettet sind. Mädchen und Buben erhalten unterschiedliche Angebote bezüglich Kleidung und Spielsachen, Medien vermitteln Erwartungen und Vorstellungen über Männlichkeit und Weiblichkeit. So lernen Kinder bis zum Schuleintritt, dass es in unserer Gesellschaft zwei Geschlechter gibt, dass Frauen und Männer an bestimmten Symbolen (Kleidung, Frisur, Schmuck, Farben, Bewegungen, Gesten, Namen) erkennbar sind, dass Geschlecht etwas Naturhaftes ist, dass Heterosexualität die Norm ist. Sie erlernen Zuordnungen von Geschlechtsstereotypen und wissen, dass es eine Asymmetrie im Geschlechterverhältnis gibt, die sich u.a. darin manifestiert, dass zwar manche Mädchen gern mit männlich konnotiertem Spielzeug spielen und sich gern wie Buben kleiden. Möchten jedoch Buben Mädchenkleidung tragen oder mit Mädchenspielzeug spielen, wird dies meist negativ sanktioniert (vgl. Paseka 2008, 17ff.).

Doing Gender

Zuordnung von Stereotypen

Werden eindeutige Geschlechtercodes in Frage gestellt und/oder überwunden, werden veränderte Gestaltungsmöglichkeiten wahrgenommen, so wird von Undoing Gender gesprochen (Scheibelhofer 2010, 14f.).

Undoing Gender

Grundlagen und Ziele eines geschlechtersensiblen Unterrichts

Geschlechtersensibler Unterricht ist kein spezieller und kein zusätzlicher Unterricht, sondern vielmehr eine Haltung, die sensibel Unterschiede zwischen den Geschlechtern wahrnimmt, auf spezielle Bedürfnisse eingeht, Handlungsoptionen für Buben und Mädchen erweitert, Schwächen gezielt fördert und Diskriminierungen verhindert (Plaimauer 2008, 68). Ziel ist eine Aufhebung von Einschränkungen, die durch die Kategorie Geschlecht entstehen (Paseka 2008, 28).

Geschlechtersensibler Unterricht ist Haltung

Angesichts solcher Zielsetzungen wird deutlich, dass geschlechtersensibler Unterricht nicht ausschließlich aus einer Thematisierung in Unterrichtsstunden bestehen kann. Vielmehr gilt es, auf allen Ebenen der Institution Schule geschlechtersensibel zu agieren, weswegen im Folgenden Hinweise sowohl auf der institutionellen Ebene als auch auf der Handlungsebene, auf Ebene der Sprache und schließlich auf der konkreten Unterrichtsebene angeboten werden.

1. 3-R-Methode

Die 3-R-Methode wurde in Schweden als ein Instrument für geschlechtergerechten Unterricht entwickelt, um in drei Bereichen – Repräsentation, Ressourcen und Realität – geschlechtsspezifische Zuweisungen in der Schule, die Verknüpfung von Geschlecht, Unterrichtsfächern, -methoden und -inhalten zu thematisieren. Damit könnte dieses Instrument als Grundlage für die Analyse einer Schule dienen, bei der festgestellt wird, auf welche vorhandenen Voraussetzungen und Bedingungen im Rahmen einer Entwicklung zur geschlechtersensiblen Schule aufgebaut werden kann und in welchen Bereichen Handlungsbedarf besteht.

Repräsentation, Ressourcen und Realität

Geschlechtersensibler Unterricht

3-R-Methode

Repräsentation: Wie groß ist der Anteil von Frauen und Männern, von Jungen und Mädchen? Wie oft sind die handelnden und entscheidenden Personen männlichen oder weiblichen Geschlechts? Wie oft werden Männer und Frauen zitiert, abgebildet und erwähnt? Wie oft kommen Frauen und Männer in Lehrmitteln in tradierten Rollen und Lebenszusammenhängen vor, wie oft in gegenteiligen?

Ressourcen: Wie werden Ressourcen zwischen Frauen/Mädchen und Männern/Burschen verteilt? Wie viel Platz, Raum und Zeit nimmt die Darstellung von Männern und Frauen ein? In welchem Umfang werden geschlechtsspezifisch bevorzugte Interessensbereiche gefördert?

Realität: Warum werden Männer und Frauen in Tageszeitungen, Geschichtsbüchern usw. nicht gleich häufig zitiert und abgebildet? Warum sind Mädchen/Frauen und Burschen/Männer in Gremien ungleich vertreten? Warum entscheiden sich Mädchen und Buben für unterschiedliche Berufe?

Vgl. Troltenier 2006b, 2f.

Geschlechtersensibler Unterricht

Umgang mit geschlechtlichen Identitäten

→ Auf Vorhandenem aufbauen, da Mädchen und Buben im Schulalter meist eindeutige geschlechtliche Identitäten haben, die durch Routinen abgesichert sind.

Den Konstruktionscharakter von Geschlecht bewusst machen

→ „Kreative Irritationen" (Paseka 2008) sollen den Konstruktionscharakter von Geschlechtern und Geschlechterverhältnissen bewusst machen und zum Nachdenken über neue Formen von Leben und Lebensverhältnissen anregen.

→ „Dramatisierung" von Geschlecht vermeiden, da dadurch Geschlecht bzw. geschlechterdifferenziertes Verhalten (re-)konstruiert wird, vielmehr ist eine Lösung des Blicks auf Geschlechtergruppen anzustreben, um die Schüler und Schülerinnen als Individuen wahrzunehmen.

→ „Gegenbeispiele" suchen (z.B. nur wenige Jungen stören, es gibt auch störende Mädchen), Gemeinsamkeiten zwischen Mädchen und Jungen suchen.

Den Unterricht geschlechtersensibel gestalten[1]

→ Im Unterricht verwendete Beispiele prüfen: Werden darin traditionelle Geschlechterrollen verfestigt oder aufgelöst? Werden auch Lebenswelten von Mädchen und Frauen widergespiegelt?

→ Auf Leistungen von Frauen in Wissenschaft und Gesellschaft verweisen.

→ Mädchen und Jungen gleichermaßen viel zutrauen und sie gleichermaßen fördern, die Aufmerksamkeit gerecht auf sie verteilen.

→ Aufgaben in der Klasse (z.B. Blumen gießen, Klassenbibliothek betreuen) alternierend verteilen.

→ Klassenräte geschlechtshomogen abhalten.

Diskriminierungen aufdecken und verhindern

→ Auf stereotype und benachteiligende Strukturen und Verhaltensweisen achten.

→ Stereotype und diskriminierenden Äußerungen sofort thematisieren.

---

[1] Unterricht geschlechtersensibel zu gestalten, ist oft schwierig, da die vorliegenden Unterrichtsmaterialien häufig noch nicht ausreichend über einen geschlechtersensiblen Zugang verfügen. So konnte die Autorin in einer Untersuchung nachweisen, dass in aktuellen österreichischen Geschichtsschulbüchern Frauen sowohl in Texten als auch auf Bildern zwar häufiger vorkommen als in den 1970er und 1980er Jahren, die Darstellungen aber oft kurz und oberflächlich oder auch stereotypisierend sind. Frauen werden nach wie vor durch die fehlende explizite Nennung in historischen Prozessen marginalisiert usw. (siehe Windischbauer 2006, 67–78).

Vgl. Faulstich-Wieland 2010, 18ff.; Paseka 2008, 27f.; Spieß 2008, 43ff.; Plaimauer 2008, 69

Elfriede Windischbauer

2. Geschlechtersensibler Unterricht erfordert geschlechtersensible Haltungen

Sollen Buben und Mädchen gleichermaßen gefördert werden, sollen Benachteiligungen aufgrund des Geschlechtes vermieden werden, so erfordert dies einen geschlechtersensiblen Blick auf das unterrichtliche Handeln. Dafür liegen seitens der geschlechtersensiblen Didaktik Vorschläge vor, welche in der Übersicht „Geschlechtersensibler Unterricht" zusammengefasst sind.

Unterrichtliches Handeln

3. Die Rolle der Sprache

Unterricht verläuft überwiegend über das Medium Sprache. Die Sprache „erzeugt Vorstellungen, Vorstellungen beeinflussen unsere Handlungen, Handlungen beeinflussen unsere politische und wirtschaftliche Situation (die sogenannte Realität), diese wiederum beeinflusst die Sprache. Ändern wir die Sprache, so ändern wir unzweifelhaft die Vorstellungen und damit den ganzen Rest." (Pusch 2008, 166)

Sprache beeinflusst Handlungen

In der deutschen Sprache sind aus geschlechtersensiblem Blickwinkel jene Kollektivbezeichnungen problematisch, die gleichzeitig auch die männliche Form bilden, wie z.B. Schüler, Lehrer, Ärzte usw. Sobald nämlich eine Gruppe auch nur einen Mann bzw. Knaben enthält, wird sie in der männlichen Form gebildet („die Schüler"). Höchstens wenn es sich eindeutig um eine Frauen- bzw. Mädchengruppe handelt, wird die weibliche Form verwendet, denn: „Für die deutsche Sprache ist aber das Klassifikationskriterium nicht, ob eine Gruppe Frauen enthält, und schon gar nicht, wie viele. Klassifikationsgrundlage ist, ob eine Gruppe einen Mann enthält oder nicht." (Pusch 1984, 44) Während maskuline Personenbezeichnungen als neutral betrachtet werden und auch stellvertretend für die Bezeichnung von Frauen verwendet werden können, können feminine Personenbezeichnungen maskuline nicht ersetzen, wie das folgende Beispiel verdeutlicht:

Problematische Kollektivbezeichnungen

„Wenn Ute Schülerin ist und Uwe Schüler, dann sind Ute und Uwe Schüler, nicht Schülerinnen – denn Uwe verträgt das Femininum nicht. Es geht und geht nicht an, ihn mit der Bezeichnung ‚Schülerin' zu kränken, selbst wenn zig Schülerinnen seinetwegen zu Schülern werden müssen. Da bereits ein Knabe mittels seiner Allergie beliebig viele Mädchen sprachlich ausschalten kann, kann frau sich leicht ausrechnen, was die männliche Hälfte der Bevölkerung gegen die weibliche ausrichten kann." (Pusch 1984, 11)

1972 wurden in den USA erste Richtlinien für einen nicht-sexistischen Gebrauch von Sprache und visuellen Materialien für Schulbücher erarbeitet (Trömel-Plötz 1989, 74). Andere Länder folgten, Richtlinien für geschlechtergerechte Formulierungen wurden auch in anderen Gesellschaftsbereichen eingeführt. So z.B. stellte die Stadt Frankfurt/Main zwei Wissenschaftlerinnen eigens dafür an, Formulare so umzuformulieren, dass Frauen und Männer gleichermaßen berücksichtigt werden. Beidbenennungen fanden Eingang in Gesetzestexte und Fachsprachen (Samel 1995, 48).

USA Vorreiter bei Materialien

Checkliste für Lehrpersonen für eine nicht-diskriminierende Sprache im Unterricht

→ Die allgemein vertretene Meinung, die Schülerinnen seien mit den Schülern stets mitgemeint, überdenken.
→ Wenn beide Geschlechter gemeint sind, in jedem Fall von Schülerinnen und Schülern sprechen.
→ Berufe und Professionen in der männlichen und weiblichen Bezeichnung nennen.
→ Das Pronomen „jeder, der" durch „alle, die" oder „jede und jeder" ersetzen.
→ Beim Schreiben den Schrägstrich (Schüler/innen) oder das Binnen-I (SchülerInnen) verwenden.
→ Geschlechtsneutrale Formulierungen verwenden (z.B. die Lehrenden).
→ Bei der Auswahl oder beim Erstellen von Texten Stereotype und Traditionalismen vermeiden. (Z.B. Die Mechanikerin repariert das Auto. Der Vater wickelt das Kind.)

Zusammengefasst nach Plaimauer 2008, 59

Geschlechtersensibler Unterricht

Ö: Leitfaden für geschlechtergerechtes Formulieren

In Österreich wurde der Leitfaden für geschlechtergerechtes Formulieren 2002 veröffentlicht. Er ist im gesamten Bereich des Bundesministeriums gültig, insbesondere gelten die Vorgaben auch für Schulbücher und andere Unterrichtsmaterialien. Ziel des Leitfadens ist es, Frauen und Mädchen in Texten sichtbar zu machen, indem sie ausdrücklich genannt werden. Als Möglichkeiten werden Beidbenennung, Schrägstrich, Klammer und Binnen-I angeführt. Außerdem wird auf die Möglichkeit der Verwendung von neutralen Singular- und Pluralwörtern (Person, Mensch, Lehrende, …) verwiesen (Bundesministerium für Bildung, Wissenschaft und Kultur 2002).

UNTERRICHTSBEISPIELE

Unterricht kann nicht Geschlechteridentitäten einfach aufbrechen oder dazu „aufrufen", sich andere Geschlechteridentitäten anzueignen. Vielmehr muss es darum gehen, vorherrschende Identitäten und Rollen bewusst zu machen und Spielräume für andere Identitäten zu eröffnen. Dies darf jedoch nicht in eine Überwältigung – in welche Richtung auch immer – ausarten, sondern muss einerseits auf der Analyse- und andererseits auf der Angebotsebene stattfinden. In diesem Spannungsfeld zwischen Analyse und Angebot sind die folgenden beiden Unterrichtsbeispiele zu verstehen.

U | UNTERRICHTSBEISPIEL 1

Castingshows bezüglich der Geschlechterrollen untersuchen

Medienerziehung / geschlechtersensibler Unterricht

Das hier vorgestellte Unterrichtsbeispiel ist sowohl der Medienerziehung als auch dem geschlechtersensiblen Unterricht zuzurechnen und eignet sich für den Einsatz im Deutschunterricht, in der Politischen Bildung oder in fächerübergreifenden Projekten. Da die Arbeitsaufträge altersgemäß adäquat angepasst werden können, kann das Beispiel sowohl in der Sekundarstufe I (7./8. Schulstufe) als auch in der Sekundarstufe II eingesetzt werden.

Erfolgreiche Shows

Der Fernsehsender RTL ist mit der Castingshow „Deutschland sucht den Superstar" im Jahr 2011 bereits mit der 8. Staffel sehr erfolgreich, auf Pro 7 läuft „Popstars", die österreichischen Antworten heißen „Starmania" und „Helden von morgen". Insbesondere bei jugendlichen Mediennutzern und -nutzerinnen sind Castingshows sehr beliebt und erreichen in der Altersgruppe der 12- bis 17-Jährigen einen Marktanteil von über 60 % (Götz/Gather 2010a, 56). Neben den Shows im TV bieten die Sender auch professionell gestaltete Homepages, auf denen Sendungen oder Teile davon „nachgesehen" werden können und Berichte zu finden sind, Jugendzeitschriften berichten über die Kandidatinnen und Kandidaten, Fanartikel werden verkauft.

Keine Infragestellung des Realitätsgehalts

Aus der Sicht der Jugendlichen handelt es sich – wie Studien belegen – um eine Abbildung der Realität: „Eine medienkritische Haltung im Sinne der Infragestellung des Realitätsgehalts deutet sich nur in absoluten Ausnahmefällen bei den jugendlichen Befragten an." (Götz/Gather 2010a, 58) Erst bei älteren Jugendlichen nimmt die Kritik an den Castingshows zu, welche sich v.a. auf den „Zickenkrieg" zwischen den Mädchen, auf die Kriterien der Bewertung und auf die Jurorinnen und Juroren bezieht. Von ihnen wird auch teilweise erkannt, dass vieles „gefakt" ist und dass die Kandidaten und Kandidatinnen meist nach sehr kurzer Zeit in der Bedeutungslosigkeit verschwinden (Götz/Gather 2010b, 7).

Geschlechterrollen

In den Castingshows werden v.a. hübsche, schlanke, junge, sexy Frauen favorisiert, fülligere Frauen müssen über eine überragende Stimme verfügen, um die ersten Hür-

Elfriede Windischbauer

> **Kennzeichen von Castingshows**
>
> → Castingshows stellen einen Auswahlprozess dar, bei dem im Verlauf einer Staffel anhand bestimmter Kriterien aus einer Gruppe von Kandidaten und Kandidatinnen eine Person als Gewinner oder Gewinnerin der Show hervorgeht. Die Kandidatinnen und Kandidaten müssen verschiedene Aufgaben erfüllen und werden von einer Jury und teilweise vom Publikum beurteilt. Nichtprominente Kandidaten/Kandidatinnen werden als „normale Menschen des Alltags" präsentiert.
>
> → Vermeintlich authentische Handlungen und Erlebnisse der Kandidatinnen und Kandidaten werden inszeniert und folgen einer strengen Dramaturgie, die sich der Mittel der Personalisierung, Emotionalisierung, Intimisierung, Stereotypisierung und Dramatisierung bedient. Durch Interviews mit den Kandidaten und Kandidatinnen und intime Einblicke in ihr Privatleben werden bestimmte Charaktereigenschaften übermäßig betont (z.B. „die Zicke", „der Sensible", „der unermüdliche Kämpfer"). Durch die Wahl der Kameraperspektive (z.B. Blick auf unvorteilhafte Körperzonen), durch Schnitt und Ton (z.B. schmatzende Geräusche, Musik im Hintergrund) werden sie bewusst sympathisch dargestellt oder auch gezielt degradiert und abgewertet.
>
> → Die Zuschauer und Zuschauerinnen entwickeln parasoziale Beziehungen zu den Akteuren und Akteurinnen, bauen fiktive, emotionale Bezüge zu ihnen auf und leiden und freuen sich mit ihnen. Das Verhalten der Kandidaten/Kandidatinnen wird zur Orientierung und zum Vorbild für eigenes Verhalten in herausfordernden Situationen oder es dient zur Abgrenzung vom Gezeigten.
>
> → Castingshows sind Formen informellen Lernens, bei denen Kinder und Jugendliche lernen, dass man Leistungen erbringen und sich an Ansprüche anderer anpassen muss, um erfolgreich zu sein. So z.B. finden 70 % der befragten Kinder und Jugendlichen Dieter Bohlens (Jury-Mitglied von „Deutschland sucht den Superstar") harte und teilweise stark abwertende Kritik gut, wobei die Zustimmung bei Knaben sogar bis zu 83 % beträgt (Götz/Gather 2010a, 58).
>
> Vgl. Wijnen/Fraunberger 2011, 2ff., Götz/Gather 2010a, 57f.

den des Castings zu bewältigen, und müssen sich – falls ihnen dies gelingt – einer Diät und einem harten Training unterziehen, wovon auch öffentlich berichtet wird. Häufig fallen die jungen Frauen durch heftiges „Herumzicken" auf, „Zickenkrieg" zwischen bestimmten jungen Frauen wird ganz offensichtlich stark betont, wenn nicht überhaupt inszeniert. Die jungen Männer können den eher weichen, romantischen oder den eher rauen Typen repräsentieren, doch auch sie müssen in bestimmtem Maß den herrschenden Schönheitsidealen entsprechen. In bestimmten Formaten werden – zumindest über einen bestimmten Zeitraum – auch Personen favorisiert, die der Kategorie „Außenseiter/Außenseiterin" oder „Sonderling" zuzuordnen sind und auf deren Kosten in der Regel viel Heiterkeit verbreitet wird. Die Mehrheit der Kandidatinnen und Kandidaten ist heterosexuell orientiert und es wird auch nicht davor zurückgescheut, über Liebesbeziehungen zwischen ihnen zu berichten, die möglicherweise inszeniert sind, um die Einschaltquoten zu erhöhen oder um Sympathien zu kanalisieren. Andere sexuelle Orientierungen sind möglich, so hat sich ein Kandidat als homosexuell geoutet. Ein sich als transsexuell outender Kandidat wurde als Lachnummer inszeniert, auf deren Kosten viele, auch oft unter die Gürtellinie gehende, Späße gemacht wurden.

Über Konstruktion von Geschlechterrollen nachdenken

Da wahrscheinlich alle Schüler und Schülerinnen die Shows kennen und – wie bereits oben beschrieben – die Reichweite bei den 12- bis 17-Jährigen über 60 % beträgt (Götz/Gather 2010a, 56) und da bei den Jugendlichen keine medienkritische Haltung im Sinne der Infragestellung des Realitätsgehalts (Götz/Gather 2010a, 58) vorliegt, können Castingshows im Unterricht zum Anlass genommen werden, um über die Konstruktion von bestimmten Personen und Charakteren – auch im Hinblick auf Geschlechterrollen – nachzudenken. Um eine fundierte Analyse durchführen zu können, sollten gemeinsam Ausschnitte der Shows angesehen werden. Folgende Fragen könnten den Schülerinnen und Schülern (altersadäquat formuliert) anschließend im Gespräch oder in Form eines Arbeitsblattes zur Verfügung gestellt werden:

Geschlechtersensibler Unterricht

ARBEITSBLATT 1: FRAGEN ZUR ANALYSE VON CASTINGSHOWS

Konstruktion bestimmter Charaktere und Handlungen in der Castingshow

→ Mit welchen Mitteln (Kameraführung, Geräusche, Kommentare) werden Kandidaten/Kandidatinnen zu Stars gemacht oder aber abgewertet?

→ Darf man mit Jugendlichen im Fernsehen auf diese Art und Weise umgehen?

→ Welche Folgen kann öffentliche Bloßstellung für die Kandidatinnen/Kandidaten in ihrem Alltagsleben und in ihrem Leben nach der Show haben?

→ Was lernen die Zuschauer/Zuschauerinnen, wenn sie im Fernsehen erleben, wie junge Menschen zu Stars gemacht oder öffentlich abgewertet werden?

→ Zeigt die Show die Realität oder greifen hier Regisseure/Regisseurinnen ein und kreieren sie Typen?

→ Sind Männer und Frauen im realen Leben so wie die Stars in der Sendung?

Geschlechterrollen, die in der Castingshow gezeigt und/oder konstruiert werden

→ Was tun die Männer, was die Frauen, wie handeln sie? Legt eine Tabelle an und macht eine Gegenüberstellung (Juror/Jurorinnen und Kandidaten/Kandidatinnen).

→ Welche Eigenschaften haben die Frauen, welche die Männer, die in dieser Show handeln? Tragt auch diese in eure Tabelle ein. Erscheinen diese Eigenschaften eher positiv oder eher negativ?

→ Leisten die Frauen oder die Männer mehr für die Gemeinschaft?

→ Wie gehen Männer und Frauen mit Konkurrenz um?

→ Wie sind die Frauen gekleidet, wie die Männer?

→ Worüber sprechen die Frauen, worüber die Männer?

Anregungen zur Eröffnung weiterer Spielräume

→ Wie könnte eine Castingshow aussehen, in der zwar die Besten gewinnen, aber niemand bloßgestellt oder abgewertet wird?

→ Wie könnte eine Castingshow aussehen, in der Männer und Frauen gleichberechtigte Chancen haben und nicht die ihnen zugeschriebenen Rollen einnehmen müssen?

Elfriede Windischbauer

UNTERRICHTSBEISPIEL 2

Werbesendungen hinsichtlich der Geschlechterrollen untersuchen

Werbesendungen sind bei vielen Schülerinnen und Schülern sehr beliebt und wohl alle können mehrere aktuelle Spots, die für bestimmte Produkte werben, nennen. Das folgende Unterrichtsbeispiel wurde für die 7./8. Schulstufe entwickelt und könnte im Deutschunterricht oder im Fach Geschichte und Sozialkunde/Politische Bildung eingesetzt werden.

Beispiel für 7./8. Schulstufe

In Deutschland wurde 1956 die erste Fernsehwerbung ausgestrahlt, in Österreich 1959 (Hofer/Klein 2005, 51ff.). Die Ziele waren am Beginn im Wesentlichen dieselben wie heute: Die Konsumenten und Konsumentinnen sollen auf bestimmte Produkte und auf deren Vorzüge aufmerksam gemacht werden. Dazu bedient die Fernsehwerbung sich bestimmter Mittel wie z.B. leicht verständlicher Botschaften mit hohem Unterhaltungswert, eingängiger Werbesprüche und der Darstellung stereotyper Sozialtypen (vgl. Kühberger 2010, 116ff).

Erste Fernsehwerbung

In den 1950er und 1960er Jahren wurden in Deutschland und Österreich – zumindest in den Köpfen und als Wunschträume – traditionelle, ideologisch verklärte weibliche und männliche Rollenbilder restauriert, die eine Trennung der Aufgaben vorsahen – der Mann galt als Ernährer der Familie und war für die Öffentlichkeit zuständig, die Frau für den Haushalt, die Kinder und die Privatsphäre. In der Realität betrug der Anteil erwerbstätiger Frauen in Österreich z.B. 35–40 %, allerdings arbeiteten sie v.a. in „typisch weiblichen" Berufen, zu niedrigeren Löhnen, und ihre Erwerbstätigkeit wurde nur als Zusatzverdienst oder Übergangsphase betrachtet (vgl. Thurner 1995, 56f).

Ideologisch verklärte Rollenbilder

Die unbezahlte Hausarbeit war in den 1950er und 1960er Jahren für die meisten Frauen aufgrund fehlender Haushaltsgeräte zeitaufwendig und körperlich sehr anstrengend (vgl. Wisinger 1992, 165). Als mit dem Wirtschaftswunder Haushaltsgeräte wie Staubsauger, Waschmaschine, Schleuder oder Kühlschrank Einzug hielten, wäre eine Reduzierung der Hausarbeit und damit der weiblichen Belastungen möglich gewesen. Nun wurden an die „guten Hausfrauen" aber neue zeitintensive Anforderungen gestellt, wie z.B. fantasievoll dekorierte Speisen und Tischdekorationen, die v.a. der Inszenierung eines glücklichen Familienlebens dienten (Brandhauer-Schöffmann/Hornung 1995, 29).

Aufgaben der „guten Hausfrauen"

In Werbesendungen dieser Zeit wird das gesellschaftlich erwünschte Familienideal und die damit verbundene Rollenverteilung zwischen Männern und Frauen in übersteigerten Formen aufgegriffen, die aus heutiger Sicht beinahe als Persiflagen erscheinen. Gerade diese Stereotypisierungen und Übersteigerungen machen Fernsehwerbungen der 1950er Jahre zu geeigneten kulturgeschichtlichen Quellen, aus denen Schülerinnen und Schüler die Vorstellungen (die nicht unbedingt mit der Realität übereinstimmten) über die ideale Familie und die Aufgaben von Männern und Frauen, die in den 1950er Jahren herrschten, rekonstruieren können.

Werbung als kulturgeschichtliche Quelle

Wie in den 1950er Jahren wird auch in den heutigen Werbungen nicht das reale Geschlechterverhältnis widergespiegelt, sondern Vorstellungen der Werbehersteller bzw. Werbeherstellerinnen oder auch von Gruppen der Gesellschaft, die durch die Werbung angesprochen werden sollen.

Fiereder (2005) und Gostner (2006), welche mehrere Hundert Werbespots des ersten Jahrzehnts des 21. Jahrhunderts in österreichischen und deutschen TV-Sendern analysierten, kommen in ihren Arbeiten zu sehr ähnlichen Ergebnissen: Die Rollenzu-

Rollenzuschreibungen auch in Gegenwart

schreibungen in Fernsehwerbungen sind subtiler als Mitte des 20. Jahrhunderts, aber trotzdem vorhanden: Frauen tragen häufiger erotische Kleidung, während Männer v.a. leger und bequem gekleidet sind; emotionale Aussagen werden v.a. von Frauen gemacht, Männer hingegen lassen kaum oder gar keine sprachliche Emotionalität zu (Fiereder 2005, 14ff.). Frauen werben überwiegend für Kosmetik, Nahrungsmittel und pharmazeutische Produkte, Männer für Dienstleistungen (z.B. Telekommunikation, Banken, Versicherungen), Süßigkeiten und alkoholische Getränke. Während Frauen in Werbungen pharmazeutische Hilfe bei Gelenks- und Gewichtsproblemen in Anspruch nehmen, brauchen Männer Mittel gegen Gedächtnisschwäche (Gostner 2006, 139). Frauen agieren in den Werbungen häufiger zu Hause, Männer sind oft unterwegs oder an ihrem Arbeitsplatz. Insgesamt kommen wenige berufstätige Frauen vor, sie sind häufig im Kontext „Haushalt und Familie" zu finden. Frauen sind auch häufiger nackt oder knapp bekleidet (Gostner 2006, 121ff.).

Werbespots der 1950er Jahre

Dr. Oetker: http://www.youtube.com/watch?v=072LrlGvSq8&NR=1
Frauengold: http://www.youtube.com/watch?v=V0IgdSxtZU0
Persil: http://www.youtube.com/watch?v=rKL3YBWMFsw
Maggi: http://www.youtube.com/watch?v=ehzMutTngCw

Links zu TV-Werbungen der 1950er Jahre, Auswahl/Stand: 30.8.2010

Materialquelle Internet

Aktuelle Werbungen können – in einer begrenzten Anzahl, da sonst die Schülerinnen und Schüler sehr viel Zeit für die Auswahl verwenden – elektronisch zur Verfügung gestellt werden, sofern sie nicht ohnedies auf den Homepages der Firmen kostenfrei zur Verfügung gestellt werden und über das Internet via Links abrufbar sind. Allerdings muss bei der Auswahl beachtet werden, dass es sich um Spots handelt, bei denen Geschlechterverhältnisse auch wirklich thematisiert werden können.
Ein eingängiges aktuelles Beispiel ist eine aktuelle Heineken-Werbung:
http://www.youtube.com/watch?v=pWEjJfjNu44

Ziele und Strategien von Fernsehwerbungen

Bevor die Schüler und Schülerinnen die Werbebeiträge in Partner- oder Kleingruppenarbeit analysieren (siehe Arbeitsblatt „Geschlechterverhältnisse in historischen und aktuellen Fernsehwerbungen vergleichen"), müssen sie Informationen über die Ziele und Strategien von Fernsehwerbungen (siehe z.B. Infokasten „Was ist Werbung") und über die gesellschaftlichen Verhältnisse in den 1950er Jahren erhalten oder sie selbst recherchieren. Da die Fernsehwerbungen der 1950er Jahre zwar im Vergleich zu heutigen Werbungen relativ lang erscheinen, sie aber trotzdem nicht länger als zwei bis drei Minuten dauern, eignen sie sich gut für eine Analyse, da sie auch mehrmals angeschaut werden können. Der Analyseraster „Geschlechterverhältnisse in historischen und aktuellen Fernsehwerbungen vergleichen", unterstützt die Schülerinnen und Schüler bei der selbstständigen Erweiterung ihrer historischen Methoden- und Orientierungskompetenz.

„Was ist Werbung?"

Werbung will Menschen informieren, beeinflussen und überzeugen, damit diese sich an bestimmte Produkte erinnern und sie auch kaufen. Dafür werden Massenmedien wie Fernsehen, Zeitungen, Plakate, Internet usw. eingesetzt.
Um bestimmte Zielgruppen zu erreichen, werden in der Werbung einfache, verständliche und kurze Botschaften übermittelt. Es werden Gefühle geweckt und Wunschträume geschaffen. Durch die Werbung erhalten die Produkte einen symbolischen Wert, der sich auch auf die Personen, die das Produkt besitzen, überträgt (z.B. der Lenker eines bestimmten Autos hat bei hübschen Frauen große Chancen).

Vgl. Gostner 2006, 10ff.

Elfriede Windischbauer

ARBEITSBLATT 2: GESCHLECHTERVERHÄLTNISSE IN HISTORISCHEN UND AKTUELLEN FERNSEHWERBUNGEN VERGLEICHEN

AUFTRÄGE: Gruppenarbeit (4 Personen):

1. Wählt einen der Werbefilme der 1950er Jahre und einen aktuellen Werbespot aus und seht sie gemeinsam an. Bearbeitet dann folgende Aufgaben schriftlich:

	Fernsehspot der 1950er Jahre	Fernsehspot von heute
Nennt die Produkte, für die in den Spots geworben wird.		
Fasst in Stichworten zusammen, welche Geschichten in den Spots erzählt werden.		

2. Seht euch den Film noch einmal an. Jede/jeder von euch hat nun eine eigene Aufgabe zu lösen:
→ Schüler/Schülerin A: Untersuche, wie die Frau/die Frauen/Mädchen dargestellt sind, welche Eigenschaften sie haben, wie sie gekleidet sind, was sie tun.
→ Schüler/Schülerin B: Untersuche, wie der Mann/die Männer/Jungen dargestellt sind, welche Eigenschaften sie haben, wie sie gekleidet sind, was sie tun.
→ Schüler/Schülerin C: Untersuche, wie der Hintergrund gestaltet ist, was man im Hintergrund sieht.
→ Schüler/Schülerin D: Untersuche, welche Geräusche und Töne zu hören sind.

3. Tauscht nun eure Ergebnisse im Gruppengespräch aus.

4. Zeichnet eine Tabelle auf ein Plakat und macht eine Gegenüberstellung:

Vorstellungen über Männer im Spot der 1950er Jahre	Vorstellungen über Männer im Spot von heute	Vorstellungen über Frauen im Spot der 1950er Jahre	Vorstellungen über Frauen im Spot von heute

5. Stellt Unterschiede und Gemeinsamkeiten fest und schreibt sie auf.
6. Haltet eure persönliche Meinung zu diesen Werbespots fest. Schreibt sie in Stichworten nieder.

Geschlechtersensibler Unterricht

LITERATUR

Brandhauer-Schöffmann, Irene/Hornung, Ela: Von der Erbswurst zum Hawaiischnitzel. Geschlechterspezifische Auswirkungen von Hungerkrise und „Fresswelle", in: Albrich, Thomas u.a. (Hg.): Österreich in den Fünfzigern. Wien 1995, 11–34

Bundesministerium für Bildung, Wissenschaft und Kultur (Hg.): Geschlechtergerechtes Formulieren. Leitfaden. Wien 2002

Bundesministerium für Bildung, Wissenschaft und Kultur (Hg.): Männer als Volksschullehrer. Statistische Darstellung und Einblick in die erziehungswissenschaftliche Diskussion. Wien 2005

Faulstich-Wieland, Hannelore: Mädchen und Jungen im Unterricht, in: Buholzer, Alois/Kummer-Wyss, Annemarie (Hg.): Alle gleich – alle unterschiedlich. Zum Umgang mit Heterogentität in Schule und Unterricht. Seelze-Velber 2010, 16–27

Fiereder, Viktoria: Gender und Fernsehwerbung. Die Darstellung von Geschlechterrollen in der Fernsehwerbung anhand eines empirischen Vergleiches aktueller Werbespots auf ORF1 und ATV+ (Mag. Arb. am FB Erziehungswissenschaft und Kultursoziologie der Universität Salzburg). Salzburg 2005

Götz, Maya/Gather, Johanna: Wer bleibt drin – wer fliegt raus? Was Kinder aus „Deutschland sucht den Superstar" und „Germany's Next Topmodel" mitnehmen, in: TelevIZIon. 1/2010a, 56–53, URL: www.br-online.de/jugend/izi/deutsch/castingshows2.pdf (15.5.2011)

Götz, Maya/Gather, Johanna: „Deutschland sucht den Superstar" und „Germany's Next Topmodel". Castingshows und ihre Bedeutung für Kinder und Jugendliche. Studie des Internationalen Zentralinstituts für das Jugend- und Bildungsfernsehen (IZI). 2010b, URL: http://www.br-online.de/jugend/izi/deutsch/castingshows_bedeutung.pdf (15.5.2011)

Gostner, Samantha: Das Frauenbild in der Werbung. Inhaltsanalyse zum Frauenbild in der Fernsehwerbung 2006 (Mag.-Arb. am FB Kommunikationswissenschaft der Universität Salzburg). Salzburg 2007

Hofer, Natalie/Klein, Nicole: Werbung: Film und Spot: eine Analyse von Werbefilmen und Werbespots unter Berücksichtigung von werbegeschichtlichen und sozioökonomischen Bedingungen sowie von film- und gestaltungstechnischen Merkmalen (Dipl.-Arb. an der Wirtschaftsuniversität Wien). Wien 2005, URL: http://www.wwgonline.at/content.php?lang=de&p=85 (9.6.2010)

Kühberger, Christoph: Kinder – Werbung – Kinderwerbung, in: Kühberger, Christoph/Windischbauer, Elfriede: Politische Bildung in der Volksschule. Annäherungen aus Theorie und Praxis. Innsbruck/Wien 2010, 116–123

Kühberger, Christoph/Windischbauer, Elfriede: Individualisierung und Differenzierung im Geschichtsunterricht. Seelze-Velber 2011 (erscheint demnächst)

Paseka, Angelika: Wie Kinder zu Mädchen und Buben werden. Einige Erkenntnisse aus der Sozialisations- und Geschlechterforschung, in: Buchmayr, Maria (Hg.): Geschlecht lernen. Geschlechtersensible Didaktik und Pädagogik. Innsbruck 2008, 15–31

Plaimauer, Christine: Geschlechtersensibler Unterricht. Methoden und Anregungen für die Sekundarstufe, in: Buchmayr, Maria (Hg.): Geschlecht lernen. Geschlechtersensible Didaktik und Pädagogik. Innsbruck 2008, 51–71

Pusch, Luise F.: Das Deutsche als Männersprache. Frankfurt/Main 1984.

Pusch, Luise F.: Etappen auf dem Weg zu einer gerechten Sprache – Globale Entmannung und weitere Glossen, in: Buchmayr, Maria (Hg.): Geschlecht lernen. Geschlechtersensible Didaktik und Pädagogik. Innsbruck 2008, 165–175

Samel, Ingrid: Einführung in die feministische Sprachwissenschaft. Berlin 1995

Scheiblhofer, Paul: Aspekte eines Forschungsprogramms, in: Bidwell-Steiner, Marlen/Krammer, Stefan (Hg.): (Un)Doing Gender als gelebtes Unterrichtsprinzip. Sprache – Politik – Performanz. Wien 2010, 13–18

Spieß, Gesine: Gender in Lehre und Didaktik an Universitäten – und die Frage nach einer genderkompetenten Lehre, in: Buchmayr, Maria (Hg.): Geschlecht lernen. Geschlechtersensible Didaktik und Pädagogik. Innsbruck 2008, 33–49

Statistik Austria: Lehrerinnen und Lehrer im Schuljahr 2009/10 in Vollzeitäquivalenten. 2010, URL: http://www.statistik.at/web_de/statistiken/bildung_und_kultur/formales_bildungswesen/lehrpersonen/042870.html (11.4.2011)

Thurner, Erika: Die stabile Innenseite der Politik. Geschlechterbeziehungen und Rollenverhalten, in: Albrich, Thomas u.a. (Hg.): Österreich in den Fünfzigern. Wien 1995, 53–60

Troltenier, Imke: Strategie Gender Mainstreaming. 2006a, URL: http://www.lehrer-online.de/url/genderstrategie (6.5.2011)

Troltenier, Imke: 3-R-Methode. 2006b, URL: http://www.lehrer-online.de/url/3r-methode (6.5.2011)

Trömel-Plötz, Senta: Sexismus in der Sprache, in: Feminin – Maskulin. Konventionen, Kontroversen, Korrespondenzen. Friedrich Jahresheft 7/89. Seelze 1989, 72–75

Wijnen, Christine W./Fraunberger, Julia: Model-Castingshows im Alltag von Jugendlichen. Projektbericht. Salzburg 2011, URL: http://www.aktion-film-salzburg.at/fileadmin/bilder-inhalt/Media_Research/Abschlussbericht_Castingshows_final_jan2011.pdf (15.5.2011)

Windischbauer, Elfriede: Geschlechtersensibler Geschichtsunterricht? Die Rolle österreichischer Geschichteschulbücher von den 1960er Jahren bis heute, in: Forum Politische Bildung (Hg.): Informationen zur Politischen Bildung 26/2006, 67–78

Wisinger, Marion (Hg.): Land der Töchter: 150 Jahre Frauenleben in Österreich. Wien 1992

Dietmar Larcher

U | UNTERRICHTSBEISPIEL 3

„Typisch" – Das Typische und seine Dekonstruktion
Eine Diskussionsübung von Dietmar Larcher

Das folgende Spiel ist eigentlich eine Diskussionsübung mit durchaus ernstem Hintergrund, wenn auch viel gelacht wird. Was keineswegs schadet – im Gegenteil. Man kann sie auch in verschiedenen Varianten durchspielen, es muss sich keineswegs immer um den Gegensatz Mädchen–Jungen handeln.

Ablauf

Man bildet zwei Gruppen, die in der Klasse polarisierende Standpunkte einnehmen, am einfachsten die Mädchen und Jungen. Getrennt voneinander sollen sie ein Plakat ausfüllen. Die Kopfzeile haben Sie bereits geschrieben. Auf dem Plakat, das die Mädchen ausfüllen, steht TYPISCH JUNGEN, auf dem Plakat, das die Jungen ausfüllen, TYPISCH MÄDCHEN.

Gelenkte Polarisierung

Nun kann jede Gruppe auf das Plakat schreiben, was sie über die andere Gruppe denkt, wie sie die andere Gruppe wahrnimmt. Das ist ein wenig chaotisch, soll auch gar nicht geordnet verlaufen, sonst wird es nicht wirklich spontan. Wichtig ist, dass mit Filzstift in großer Schrift geschrieben wird, sodass man den Eintrag auch aus einiger Entfernung lesen kann. (Die Sprachrichtigkeit soll hier kein Kriterium sein.)

Spontaneität erwünscht

Nach ca. 10 bis längstens 15 Minuten sagen Sie „Stopp" und sammeln die Plakate ein. Zuerst hängen Sie das Plakat TYPISCH JUNGEN auf und bitten die Jungen in der Klasse, dazu Stellung zu nehmen. Sie können selbstverständlich von den Mädchen Begründungen für ihre Äußerungen verlangen, und die Jungen können Gegenargumente bringen, falls sie, was eigentlich immer zutrifft, mit den Stereotypisierungen nicht einverstanden sind.
Erfahrungsgemäß dauert so eine Diskussion mindestens 15 Minuten.

Zwei Diskussionsrunden

Geschlechtersensibler Unterricht

Tauschen Sie dann die Plakate aus und wiederholen Sie alles, diesmal mit dem Plakat TYPISCH MÄDCHEN. (Ideal wäre, wenn es die räumlichen Gegebenheiten zuließen, dass die Schülerinnen und Schüler einen Sitzkreis bilden könnten und das jeweils zu diskutierende Plakat in der Kreismitte läge.)

Neutrale Moderation
Begründungen
einfordern

Ihre Aufgabe während dieser Diskussionen, die sehr hitzig werden können, ist es lediglich, für eine neutrale Moderation zu sorgen. Beurteilen Sie gar nichts, insistieren Sie aber darauf, dass alles, was gesagt wird, einigermaßen gut begründet wird.

Nachbearbeitung

Beenden Sie das Spiel am Ende der Schulstunde nur vorläufig. In Ihrer nächsten Stunde sollten Sie nochmals auf dieses Spiel zurückkommen. Nun sollte die Frage lauten:
→ Was sehen die Jungen/Mädchen völlig falsch?
→ Was sehen sie eher falsch?
→ Gibt es irgendetwas, was wir, die Mädchen/Jungen, aus den Behauptungen der anderen gelernt haben?

Variationsmöglichkeit

Eine Variante oder Erweiterung könnte sein, dass nunmehr die Mädchen das Plakat TYPISCH MÄDCHEN und die Jungen das Plakat TYPISCH JUNGEN ausfüllen, sodass Autostereotype formuliert werden. Fortsetzen wie bei der ersten Übung.

Ihre Aufgabe am Ende ist es, über Vorurteile zu sprechen und zu betonen, dass Vorurteile es oft nicht erlauben, seinen Sinnen zu trauen und am anderen etwas wahrzunehmen, was nicht in das Schema dieser Vorurteile passt. Illustrieren Sie Ihre Ausführungen mit all dem, was Sie während des Spiels beobachtet haben.

Ausgewählte Materialien

Zusammengestellt von BAOBAB – Globales Lernen

Schäfer, Martina
Brücken bauen: Ein Kurshandbuch zur interkulturellen Pädagogik
Bern: hep Verl., 2008. – 400 S.
SW: Interkulturelle Kommunikation; Identität; Rassismus; Menschenrechte; Konflikt
Alter: ab 6 Jahren
Signatur: F-1/2094

Das Buch zu interkultureller Pädagogik enthält eine große Anzahl an Übungen, welche mit möglichst wenig Unterrichtsmaterial durchgeführt werden können. Die Inhalte ermöglichen den Lernenden einen praktischen Zugang zu Fragen der Identität, Kommunikation in Gruppen, Menschenrechten und Nachhaltigkeit. Jedes Kapitel wird durch einen kurzen theoretischen Teil eingeführt.

Bertelsmann Forschungsgruppe Politik, Gütersloh (Hg.)
Eine Welt der Vielfalt. Ein Trainingsprogramm des *A World of Difference®* Institute der Anti-Defamation League, New York, in der Adaption für den Schulunterricht. Praxishandbuch für Lehrerinnen und Lehrer
Gütersloh: Bertelsmann Stiftung, 2. überarb. Aufl., 2001. – 170 S.
SW: Interkulturelle Erziehung; Interkulturelle Kommunikation; Diskriminierung; Vorurteil; Konfliktprävention; Multikulturelle Gesellschaft; Soziales Lernen
Alter: ab 12 Jahren
Signatur: F-1/2072

Selbstreflexion und Perspektivenwechsel als Methoden der interkulturellen Erziehung stehen im Mittelpunkt des Trainingsprogramms „Eine Welt der Vielfalt". Es richtet sich an Lehrkräfte der Sekundarstufen I und II und behandelt in fünf Lektionen Themen wie das Kennenlernen von kultureller Vielfalt, das Erkennen der Auswirkungen von Vorurteilen und Diskriminierungen und Anleitungen zum Entwerfen von Strategien zu ihrer Vermeidung.

Werthmüller, Heinrich (Hg.)
Ich du wir Gender. 36 Unterrichtseinheiten zur Entwicklung einer Geschlechtsidentität
Bern: Schulverlag plus AG, 2. Aufl., 2007.
SW: Geschlecht; Sozialisation; Gender-Ansatz; Identität; Soziales Lernen
Alter: 6–14 Jahre
Signatur: J-2052

Die Kartensammlung bietet verschiedene Anregungen zur Auseinandersetzung mit Geschlechtsidentität an. Noch bevor die Weichen gestellt sind, reflektieren Mädchen und Jungen Rollenmuster in unserer Gesellschaft. Dies ermöglicht ihnen, die eigene Lebens- und Berufslaufbahn bewusster und freier zu gestalten. Die Unterrichtseinheiten schaffen den Lernenden Zugang durch persönliche Anteile: Es darf und soll gelacht, gestaunt, ausgedrückt und ausgetauscht werden.

Ausgewählte Materialien

Werthmüller, Heinrich (Hg.)
Ich du wir Konfliktkompetenz. 36 Unterrichtseinheiten zur Schulung der Konfliktkompetenz.
Bern: schulverlag blmv AG, 2009. – o.S
SW: Konflikt; Sozialisation; Soziales Lernen; Konfliktmanagement; Konfliktprävention
Alter: 6–14 Jahre

Ein realistisches Selbstwertgefühl baut Ressourcen auf, welche die Handlungskompetenz in schwierigen Situationen nachhaltig erweitern. Rückmeldungen aus Gemeinschaftserlebnissen fördern die Eigenverantwortung und Wertehaltung. Konfliktmanagement und emotionale Intelligenz werden so zum Thema. Die sozialen und interkulturellen Herausforderungen einer Gruppe eröffnen Lernfelder, um Streitmechanismen zu erkennen, Handlungsstrategien zu erlernen, Sach- und Beziehungsebene zu unterscheiden, Täter-, Opfer- und Zuschauerrolle zu reflektieren (TZT-Methode).

MUZA – Consultation et Education, Genf (Hg.)
„Ich, Rassist!?" „Ich, Rassistin!?" Comic-Heft zu Rassismus und Diskriminierung. Neuauflage mit didaktischen Anregungen für Jugendliche ab 12 Jahren.
Bern: Stiftung Bildung und Entwicklung, 2005. – 34 S., Comic
SW: Diskriminierung; Fremdbild; Fremde; Rassismus
Alter: ab 12 Jahren

Im Comic „Ich, Rassist!?" „Ich, Rassistin!?" nehmen der schwarze Jugendliche Dieudonné und seine Freundinnen und Freunde den Alltag unter die Lupe und beleuchten Situationen, die von Rassismus und Diskriminierung geprägt sind. Die Broschüre regt auf witzige und informative Art zum Nachdenken und zur Diskussion über Rassismus an und bietet zahlreiche didaktische Anregungen.

Neukölln Unlimited
Hamburg: Indigo, 2010. – 96 Min. Dokumentarfilm, Sprache: D, A, a, d, f, sp, pt
SW: Deutschland BR; Flucht; Flüchtling; Libanon; Lebensbedingungen; Multikulturelle Gesellschaft; Jugend; Interkulturelle Erziehung; Interkulturelle Kommunikation
Alter: ab 12 Jahren.
Signatur: DVD489

Neukölln: Der Berliner Bezirk ist berühmt für seine multikulturelle Gemeinschaft – und dafür ebenso berüchtigt. Das Neukölln der Medien, das bedeutet Unsicherheit, Jugendgangs, Drogenhandel. Doch ist das wirklich so? In der Dokumentation wird die Familie Akkouch – Flüchtlinge aus dem Libanon, die jederzeit mit der Abschiebung rechnen müssen – ein Jahr lang begleitet. Der älteste Sohn Hassan ist deutscher Meister im Breakdance, die Tochter Lial arbeitet als Promoterin eines Boxvereins und der Jüngste will unbedingt Deutschlands Supertalent werden. Neukölln Unlimited ist ein ermutigendes Signal aus einer Gegend, die für viele als die deutsche Bronx gilt.

Ausgewählte Materialien

Diese und noch viele weitere Materialien können Sie bei BAOBAB in der C3-Bibliothek für Entwicklungspolitik entlehnen.

BAOBAB in der C3-Bibliothek für Entwicklungspolitik

Die C3-Bibliothek für Entwicklungspolitik ist die größte wissenschaftliche und pädagogische Fachbibliothek zu internationaler Entwicklung, Frauen/Gender und Globalem Lernen in Österreich. Sie ist öffentlich zugänglich und versteht sich als Ort des Wissens, der Bildung, der Information und der Begegnung. Die Bibliothek wird von den drei Organisationen ÖFSE, BAOBAB und Frauensolidarität getragen.

Falls Sie Fragen zur Bibliotheksnutzung und österreichweiten Entlehnung haben, eine kostenlose Beratung oder Führung wünschen, erreichen Sie uns telefonisch unter +43(0)1/319 30 73–501 oder –502 und per E-Mail: bibliothek@baobab.at

BAOBAB – GLOBALES LERNEN
im C3 – Centrum für Internationale Entwicklung
A-1090 Wien, Sensengasse 3
Tel.: +43 (0)1/319 30 73–200
Fax: +43 (0)1/319 30 73–510
www.baobab.at
www.centrum3.at

Personenverzeichnis

Wolfgang Benz
Emeritierter Universitätsprofessor und Leiter des Zentrums für Antisemitismusforschung an der Technischen Universität Berlin, 1985 Mitbegründer und seitdem Herausgeber der „Dachauer Hefte" und seit 1992 auch Herausgeber des Jahrbuchs für Antisemitismusforschung, 1992 erhielt er den Geschwister-Scholl-Preis.

Josef Berghold
Sozialpsychologe, Lehrtätigkeit an den Universitäten Innsbruck, Klagenfurt und Bozen, Forschungsschwerpunkte und Veröffentlichungen u.a. zu Solidarität/Nachhaltigkeit und Sozialdarwinismus, „Neoliberalismus", globale Gesellschaft, Vorurteile und Feindbilder, interkulturelle Entwicklung, italienisch-österreichische Beziehungen, Friedens- und Konfliktforschung, Deutungen des Unbewussten auf öffentlicher Ebene.

Gertraud Diendorfer
Mag., Leiterin des Demokratiezentrums Wien, Schulbuchautorin und Herausgeberin von Unterrichtsmaterialien zur Politischen Bildung, Entwicklung und Projektleitung des Jugendpartizipationsprojektes „PoliPedia.at" sowie des Projektes „Interkulturelle Spurensuche, SchülerInnen forschen Migrationsgeschichte(n)", Kuratorin (mit Cornelia Kogoj) der Wanderausstellung „Migration on Tour" (2010).

Siegfried Frech
Diplom-Pädagoge, Studium an der Pädagogischen Hochschule Ludwigsburg, 1979–1991 Lehrer an einer Hauptschule, seit 1991 Fachreferent der Landeszentrale für politische Bildung Baden-Württemberg und dort für die Zeitschrift „Der Bürger im Staat" sowie die Didaktische Reihe zuständig, Lehrauftrag am Institut für Politikwissenschaft der Universität Tübingen.

Angelika Königseder
Historikerin, bis 2010 wissenschaftliche Mitarbeiterin des Zentrums für Antisemitismusforschung der TU Berlin bzw. seit 2003 des Instituts für Vorurteils- und Konfliktforschung e.V. Berlin, seit 2011 selbstständig als Wissenschaftlerin und Lektorin in Berlin tätig, Veröffentlichungen zur jüdischen Nachkriegsgeschichte, zum Nationalsozialismus und zur Genozid- und Vorurteilsforschung.

Dietmar Larcher
Mag. phil., Dr. phil., habilitiert in Curriculumtheorie, Entwicklung des Schulorganisationsmodells „Schigymnasium Stams" und 1970/71 dessen Leitung, Forschung und Lehre im Bereich Zweisprachigkeit in Klagenfurt und Bozen, Professuren in Teheran und in Hangzhou/China, Forschungsschwerpunkte und Publikationen zu „Narrativer Empirie", Mehrsprachigkeit, interkultureller Bildungsforschung, Sprachcurricula und Evaluation, in Lehrerfortbildung aktiv.

Kurt Messmer
Dr. phil., Fachleiter Geschichte und Professor für Geschichtsdidaktik an der Pädagogischen Hochschule Zentralschweiz Luzern sowie Lehrbeauftragter für Geschichtsdidaktik an der Universität Freiburg/Schweiz, Praxiserfahrung auf den Sekundarstufen I und II, Leitung von Weiterbildungskursen im Bereich Geschichte und Geschichtsdidaktik sowie Mitarbeit an Lehrplänen und Lehrmitteln, Publikationen zur Didaktik und Methodik der Geschichte.

Anton Pelinka
Direktor des Instituts für Konfliktforschung/Wien, seit September 2006 Universitätsprofessor für Politikwissenschaft und Nationalismusstudien an der Central European University Budapest, davor war er ab 1975 Professor für Politikwissenschaft an der Universität Innsbruck, davon mehrere Jahre auch als Dekan.

Elfriede Windischbauer
Prof. Mag. Dr., Studium der Geschichte und Deutschen Philologie an der Universität Salzburg, Lehramt für AHS, Lehramt für Hauptschulen an der Pädagogischen Akademie, Lehrerin an verschiedenen Hauptschulen, Fachdidaktikerin für Geschichte und Politische Bildung an der Pädagogischen Hochschule (PH) Salzburg, seit 2008 Leiterin des Instituts für Didaktik und Unterrichtsentwicklung an der PH Salzburg, Mitarbeiterin der Zentralen Arbeitsstelle für Geschichtsdidaktik und Politische Bildung.

Methodentraining

Siegfried Frech, Hans-Werner Kuhn, Peter Massing (Hrsg.)

Methodentraining für den Politikunterricht I und II

Aus dem Inhalt von Band I:

Mikromethoden: der Lehrervortrag, die Karikatur, die Textanalyse, das Unterrichtsgespräch, das Internet

Makromethoden: die Fallanalyse, die Talkshow, die Pro-Contra-Debatte, das Planspiel und Entscheidungsspiel, die Erkundung, die Expertenbefragung

Aus dem Inhalt von Band II:

Arbeitstechniken: Lesen, Markieren und Exzerpieren, Umgang mit Statistiken und Tabellen, das Protokoll, das Referat, die Facharbeit, das Tafelbild, das Arbeitsblatt, schriftliche Übung – Test – Klausur, Präsentieren und Vortragen, die Moderationsmethode/Metaplantechnik, Unterrichtsgespräch, Fragen, Impulse, die Folie, das Plakat

Sozialformen: Klassen- bzw. Frontalunterricht, Einzelarbeit, Partnerarbeit, Gruppenarbeit, Öffnung des Politikunterrichts: Stationenlernen, Wochenplanarbeit, Chefsache

Unterrichtsphasen: die Einstiegsphase, die Informationsphase und Anwendungsphase, die Problematisierungsphase - Urteilsbildung – Metakommunikation

Band I: ISBN 978-3-89974096-7, DIN A4-Format, Kopiervorlagen und Checklisten, 240 S., € 29,80

Band II: ISBN 978-3-89974238-1, DIN A4-Format, Kopiervorlagen und Checklisten, 240 S., € 29,80

Thomas Retzmann (Hrsg.)

Methodentraining für den Ökonomieunterricht I und II

Mikromethoden: Mind-Mapping, Netzwerke, Nutzwertanalyse, Partnerpuzzle sowie Umgang mit Statistiken und Schaubildern.

Makromethoden: Praxiskontakte, sozialökonomische Kartographierung, Fallmethode, vergleichender Warentest, Projektmethode, Planspiel, Produktlinienanalyse und Schülerfirma.

Band I: ISBN 978-3-89974234-3, DIN A4-Format, Kopiervorlagen und Checklisten, 208 S., € 29,80

Band II: ISBN 978-3-89974654-9, DIN A4-Format, Kopiervorlagen und Checklisten, 224 S., € 29,80

INFOSERVICE: Neuheiten für Ihr Fachgebiet unter www.wochenschau-verlag.de | Jetzt anmelden!

Adolf-Damaschke-Str. 10, D-65 824 Schwalbach/Ts., Tel.: 00496196 / 8 60 65, Fax: 00496196 / 8 60 60, E-Mail: info@wochenschau-verlag.de

WOCHENSCHAU VERLAG
...ein Begriff für politische Bildung

Gegen Fremdenfeindlichkeit

Klaus-Peter Hufer

Argumente am Stammtisch

Erfolgreich gegen Parolen, Palaver und Populismus

Der Autor stellt Merkmale, Muster und Handlungsmöglichkeiten bei der Konfrontation mit „Stammtischparolen" dar. Mit dem Buch sollen Menschen ermutigt werden, im Alltag couragiert einzugreifen, wenn sie mit Parolen und Propagandasprüchen konfrontiert werden. Inhaltlich spannt sich der Bogen vom allgemeinen Politikverdruss über antidemokratische Ressentiments, Sexismus, Fremdenfeindlichkeit und Rassismus zum Rechtsextremismus. Die Ratschläge für die Gegenstrategien beruhen auf wissenschaftlich gesicherten Erkenntnissen.

ISBN 978-3-89974245-9, 144 S., € 10,00

Vom gleichen Autor:

Argumentationstraining gegen Stammtischparolen

Materialien und Anleitungen für Bildungsarbeit und Selbstlernen

Wem ist es nicht schon einmal begegnet? Onkel Albert wettert beim Familienfest, der freundliche Nachbar bringt starke Sprüche am Gartenzaun, das Publikum beim Fußball skandiert Parolen – was kann man dazu eigentlich sagen?

ISBN 978-3-87920-054-2, 128 S., € 10,00

INFOSERVICE: Neuheiten für Ihr Fachgebiet unter **www.wochenschau-verlag.de** | Jetzt anmelden!

Adolf-Damaschke-Str. 10, D-65 824 Schwalbach/Ts., Tel.: 00496196 / 8 60 65, Fax: 00496196 / 8 60 60, E-Mail: info@wochenschau-verlag.de